U0074316

書名：地理辨正補註 附 元空祕旨 天元五歌 玄空精髓 心法秘訣等數種合刊
副題：心一堂術數珍本古籍叢刊 堪輿類
作者：〔民國〕胡仲言

主編、責任編輯：陳劍聰
心一堂術數珍本古籍叢刊編校小組：陳劍聰 素聞 梁松盛 鄒偉才 虛白盧主

出版：心一堂有限公司
出版社地址：香港九龍尖沙咀東麼地道六十三號好時中心LG 六十一
門市：香港九龍尖沙咀東麼地道六十三號好時中心LG 六十一
電話號碼：(852)2781-3722
傳真號碼：(852)2214-8777
網址：http://www.sunyata.cc
電郵：sunyatabook@gmail.com
心一堂術數珍本古籍叢刊網上論壇 http://bbs.sunyata.cc/

版次：二零一零年十二月初版
平裝

定價：港幣 兩百八十八元正
人民幣 兩百八十八元正
新台幣 一千一百六十元正

國際書號：ISBN 978-988-8058-53-2

香港及海外發行：利源書報社
地址：香港新界荃灣德士古道220-248號荃灣工業中心1609-1616室
電話號碼：(852)2381-8251
傳真號碼：(852)2397-1519

台灣發行：秀威資訊科技股份有限公司
地址：台灣台北市內湖區瑞光路七十六巷六十五號一樓
電話號碼：(886)2796-3638
傳真號碼：(886)2796-1377
網路書店：www.govbooks.com.tw
經銷：易可數位行銷股份有限公司
地址：新北市新店區中正路542之3號4樓
電話號碼：(886)82191500
傳真號碼：(886)82193383
網址：http://ecorebooks.pixnet.net/blog

中國大陸發行・零售：心一堂書店
深圳地址：中國深圳羅湖立新路六號東門博雅負一層零零八號
電話號碼：(86)0755-82224934
北京地址：中國北京東城區雍和宮大街四十號
心一堂網上書店：http://book.sunyata.cc

心一堂術數古籍珍本叢刊 總序

術數定義

術數，大概可謂以「推算、推演人（個人、群體、國家等）、事、物、自然現象、時間、空間方位等規律及氣數，並或通過種種『方術』，從而達致趨吉避凶或某種特定目的」之知識體系和方法。

術數類別

我國術數的內容類別，歷代不盡相同，例如《漢書・藝文志》中載，漢代術數有六類：天文、曆譜、無行、蓍龜、雜占、形法。至清代《四庫全書》，術數類則有：數學、占候、相宅相墓、占卜、命書、相書、陰陽五行、雜技術等，其他如《後漢書・方術部》、《藝文類聚・方術部》、《太平御覽・方術部》等，對於術數的分類，皆有差異。古代多把天文、曆譜、及部份數學均歸入術數類，而民間流行亦視傳統醫學作為術數的一環；此外，有些術數與宗教中的方術亦往往難以分開。現代學界則常將各種術數歸納為五大類別：命、卜、相、醫、山，通稱「五術」。

本叢刊在《四庫全書》的分類基礎上，將術數分為九大類別：占筮、星命、相術、堪輿、選擇、三式、讖緯、理數（陰陽五行）、雜術。而未收天文、曆譜、算術、宗教方術、醫學。

術數思想與發展——從術到學，乃至合道

我國術數是由上古的占星、卜蓍、形法等術發展下來的。其中卜蓍之術，是歷經夏商周三代而通過「龜卜、蓍筮」得出卜（卦）辭的一種預測（吉凶成敗）術，之後歸納並結集成書，此即現傳之《易經》。經過春秋戰國至秦漢之際，受到當時諸子百家的影響、儒家的推崇，遂有《易傳》等的出現，原本是卜蓍術書的《易經》，被提升及解讀成有包涵「天地之道（理）」之學。因此，《易・繫辭傳》曰：「易與天地準，故能彌綸天地之道。」

漢代以後，易學中的陰陽學說，與五行、九宮、干支、氣運、災變、律曆、卦氣、讖緯、天人感應說等相結合，形成易學中象數系統。而其他原與《易經》本來沒有關係的術數，如占星、形法、選擇，亦漸漸以易理（象數學說）為依歸。《四庫全書・易類小序》云：「術數之興，多在秦漢以後。要其旨，不出乎陰陽五行，生尅制化。實皆《易》之支派，傅以雜說耳。」至此，術數可謂已由「術」發展成「學」。

及至宋代，術數理論與理學中的河圖洛書、太極圖、邵雍先天之學及皇極經世等學說給合，通過術數以演繹理學中「天地中有一太極，萬物中各有一太極」（《朱子語類》）的思想。術數理論不單已發展至十分成熟，而且也從其學理中衍生一些新的方法或理論，如《梅花易數》、《河洛理數》等。

在傳統上，術數功能往往不止於僅僅作為趨吉避凶的方術，及「能彌綸天地之道」的學問，亦有其「修心養性」的功能，「與道合一」（修道）的內涵。《素問・上古天真論》：「上古之人，其知道者，法於陰陽，和於術數。」數之意義，不單是外在的算數、歷數、氣數，而是與理學中同等的「道」、「理」—心性的功能，北宋理氣家邵雍對此多有發揮：「聖人之心，是亦數也」、「萬化萬事生乎心」、「心為太極」。《觀物外篇》：「先天之學，心法也。…蓋天地萬物之理，盡在其中矣，心一而不分，則能應萬物。」反過來說，宋代的術數理論，受到當時理學、佛道及宋易影響，認為心性本質上是等同天地之太極。天地萬物氣數規律，能通過內觀自心而有所感知，即是內心也已具備有術數的推演及預測、感知能力；相傳是邵雍所創之《梅花易數》，便是在這樣的背景下誕生。

《易・文言傳》已有「積善之家，必有餘慶；積不善之家，必有餘殃」之說，至漢代流行的災變說及讖緯說，我國數千年來都認為天災，異常天象（自然現象），皆與一國或一地的施政者失德有關；下至家族、個人之盛衰，也都與一族一人之德行修養有關。因此，我國術數中除了吉凶盛衰理數之外，人心的德行修養，也是趨吉避凶的一個關鍵因素。

術數與宗教、修道

在這種思想之下，我國術數不單只是附屬於巫術或宗教行為的方術，又往往已是一種宗教的修煉手段—通過術數，以知陰陽，乃至合陰陽（道）。「其知道者，法於陰陽，和於術數。」例如，「奇門遁甲」術中，即分為「術奇門」與「法奇門」兩大類。「法奇門」中有大量道教中符籙、手印、存想、內煉的內容，是道教內丹外法的一種重要外法修煉體系。甚至在雷法一系的修煉上，亦大量應用了術數內容。此外，相術、堪輿術中也有修煉望氣色的方法；堪輿家除了選擇陰陽宅之吉凶外，也有道教中選擇適合修道環境（法、財、侶、地中的地）的方法，以至通過堪輿術觀察天地山川陰陽之氣，亦成為領悟陰陽金丹大道的一途。

易學體系以外的術數與的少數民族的術數

我國術數中，也有不用或不全用易理作為其理論依據的，如楊雄的《太玄》、司馬光的《潛虛》。也有一些占卜法、雜術不屬於《易經》系統，不過對後世影響較少而已。

外來宗教及少數民族中也有不少雖受漢文化影響（如陰陽、五行、二十八宿等學說）但仍自成系統的術數，如古代的西夏、突厥、吐魯番等占卜及星占術，藏族中有多種藏傳佛教占卜術、苯教占卜術、擇吉術、推命術、相術等；北方少數民族有薩滿教占卜術；不少少數民族如水族、白族、布朗族、佤族、彝族、苗族等，皆有占雞（卦）草卜、雞蛋卜等術，納西族的占星術、占卜術，彝族畢摩的推命術、占卜術……等等，都是屬於《易經》體系以外的術數。相對上，外國傳入的術數以及其理論，對我國術數影響更大。

曆法、推步術與外來術數的影響

我國的術數與曆法的關係非常緊密。早期的術數中，很多是利用星宿或星宿組合的位置（如某星在某州或某宮某度）付予某種吉凶意義，并據之以推演，例如歲星（木星）、月將（某月太陽所躔之宮次）等。不過，由於不同的古代曆法推步的誤差及歲差的問題，若干年後，其術數所用之星辰的位置，已與真實星辰的位置不一樣了；此如歲星（木星），早期的曆法及術數以十二年為一周期（以應地支），與木星真實周期十一點八六年，每幾十年便錯一宮。後來術家又設一「太歲」的假想星體來解決，是歲星運行的相反，週期亦剛好是十二年。而術數中的神煞，很多即是根據太歲的位置而定。又如六壬術中的「月將」，原是立春節氣後太陽躔娵訾之次而稱作「登明亥將」，至宋代，因歲差的關係，要到雨水節氣後太陽才躔娵訾之次，當時沈括提出了修正，但明清時六壬術中「月將」仍然沿用宋代沈括修正的起法沒有再修正。

由於以真實星象周期的推步術是非常繁複，而且古代星象推步術本身亦有不少誤差，大多數術數除依曆書保留了太陽（節氣）、太陰（月相）的簡單宮次計算外，漸漸形成根據干支、日月等的各自起例，以起出其他具有不同含義的眾多假想星象及神煞系統。唐宋以後，我國絕大部份術數都主要沿用這一系統，也出現了不少完全脫離真實星象的術數，如《子平術》、《紫微斗數》、《鐵版神數》等。後來就連一些利用真實星辰位置的術數，如《七政四餘術》及選擇法中的《天星選擇》，也已與假想星象及神煞混合而使用了。

隨着古代外國曆（推步）、術數的傳入，如唐代傳入的印度曆法及術數，元代傳入的回回曆等，其中我國占星術便吸收了印度占星術中羅睺星、計都星等而形成四餘星，又通過阿拉伯占星術而吸收了其中來自希臘、巴比倫占星術的黃道十二宮、四元素學說（地、水、火、風），並與我國傳統的二十八宿、五行說、神煞系統並存而形成《七政四餘術》。此外，一些術數中的北斗星名，不用我國傳統的星名：天樞、天璿、天璣、天權、玉衡、開陽、搖光，而是使用來自印度梵文所譯的：貪狼、巨門、祿存、文曲，廉貞、武曲、破軍等，此明顯是受到唐代從印度傳入的曆法及占星術所影響。如星命術的《紫微斗數》及堪輿術的《撼龍經》等文獻中，其星皆用印度譯名。及至清初《時憲曆》，置潤之法則改用西法「定氣」。清代以後的術數，又作過不少的調整。

術數在古代社會及外國的影響

術數在古代社會中一直扮演着一個非常重要的角色，影響層面不單只是某一階層、某一職業、某一年齡的人，而是上自帝王，下至普通百姓，從出生到死亡，不論是生活上的小事如洗髮、出行等，大事如建房、入伙、出兵等，從個人、家族以至國家，從天文、氣象、地理到人事、軍事，從民俗、學術到宗教，都離不開術數的應用。如古代政府的中欽天監（司天監），除了負責天文、曆法、輿地之外，亦精通其他如星占、選擇、堪輿等術數，除在皇室人員及朝廷中應用外，也定期頒行日書、修定術數，使民間對於天文、日曆用事吉凶及使用其他術數時，有所依從。

在古代，我國的漢族術數，甚至影響遍及西夏、突厥、吐蕃、阿拉伯、印度、東南亞諸國、朝鮮、日本、越南等地，其中朝鮮、日本、越南等國，一至到了民國時期，仍然沿用着我國的多種術數。

術數研究

術數在我國古代社會雖然影響深遠，「是傳統中國理念中的一門科學，從傳統的陰陽、五行、九宮、八卦、河圖、洛書等觀念作大自然的研究。……傳統中國的天文學、數學、煉丹術等，要到上世紀中葉始受世界學者肯定。可是，術數還未受到應得的注意。術數在傳統中國科技史、思想史，文化史、社會史，甚至軍事史都有一定的影響。……更進一步了解術數，我們將更能了解中國歷史的全貌。」（何丙郁《術數、天文與醫學 中國科技史的新視野》，香港城市大學中國文化中心。）

可是術數至今一直不受正統學界所重視，加上術家藏秘自珍，又揚言天機不可洩漏，「（術數）乃吾國科學與哲學融貫而成一種學說，數千年來傳衍嬗變，或隱或現，全賴一二有心人為之繼續維繫，賴以不絕，其中確有學術上研究之價值，非徒癡人說夢，荒誕不經之謂也。其所以至今不能在科學中成立一種地位者，實有數困。蓋古代士大夫階級目醫卜星相為九流之學，多恥道之；而發明諸大師又故為惝恍迷離之辭，以待後人探索；間有一二賢者有所發明，亦秘莫如深，既恐洩天地之秘，複恐譏為旁門左道，始終不肯公開研究，成立一有系統說明之書籍，貽之後世。故居今日而欲研究此種學術，實一極困難之事。」（民國徐樂吾《子平真詮評註》，方重審序）

現存的術數古籍，除極少數是唐、宋、元的版本外，絕大多數是明、清兩代的版本。其內容也主要是明、清兩代流行的術數，唐宋以前的術數及其書籍，大部份均已失傳，只能從史料記載、出土文獻、敦煌遺書中稍窺一鱗半爪。

術數版本

坊間術數古籍版本，大多是晚清書坊之翻刻本及民國書賈之重排本，其中豕亥魚魯，或而任意增刪，往往文意全非，以至不能卒讀。現今不論是術數愛好者，還是民俗、史學、社會、文化、版本等學術研究者，要想得一常見術數書籍的善本、原版，已經非常困難，更遑論稿本、鈔本、孤本。在文獻不足及缺乏善本的情況下，要想對術數的源流、理法、及其影響，作全面深入的研究，幾不可能。

有見及此，本叢刊編校小組經多年努力及多方協助，在中國、韓國、日本等地區搜羅了一九四九年以前漢文為主的術數類善本、珍本、鈔本、孤本、稿本、批校本等千餘種，精選出其中最佳版本，以最新數碼技術清理、修復版面，更正明顯的錯訛，部份善本更以原色精印，務求更勝原本，以饗讀者。不過，限於編校小組的水平，版本選擇及考證、文字修正、提要內容等方面，恐有疏漏及舛誤之處，懇請方家不吝指正。

心一堂術數古籍珍本叢刊編校小組

二零零九年七月

《地理辨正補註 附元空秘旨 天元五歌 玄空精髓 心法秘訣等數種合刊》提要

《地理辨正補註》二冊，上下二卷。民國胡仲言撰。線裝。民国丙寅（一九二六）刊本。民国戊辰（一九二八）補刊補鈔本。民國張昌啟舊藏及批注。盧白廬藏本。

胡仲言，號夢仙山人、隨緣子，安徽安吳（今涇縣）人。生卒年不詳。民国間人。工書法、醫學、易學、命理、堪輿學等，猶用工於堪輿。易學、堪輿方面幼承家學，其曾祖胡澤順（一八一零－一八六零，字梅坪，官候選訓導）曾著《大易觀玩錄》二卷等。形家之學師承其父胡芾村，後得同鄉朱月波（傳承是：四川長者傳作者族人胡伯卿，胡伯卿傳汪氏，汪氏傳朱月波）所遺之秘本、一行仙師抄本，參以地理諸書、尋師訪友等，積二十多年乃悟地理之奧秘。著有《地理辨正補註》二卷，《難經草本》等。

本書雖題名為《地理辨正補註》，其內容除補註［清］蔣大鴻《地理辨正》一書外，實也包括三元玄空多部著作補註及作者的心得多篇。目錄如左：

上卷

序

青囊經補註

下卷

書中以「玄空大卦」之道才是地理之玄奥。不過胡氏認為三元、三合是一家而不是兩家之法，是相通的：「三元三合都是同出易理河洛，不是兩家之法。」而且巒頭、理氣，也是相通。

胡氏認為：「地理之道必須從易理入首，否則即是偽法邪說。」必須精通易理卦變，旁及奇門，天文星象，才能精通「玄空大卦」。因地理是貫通易理、巒頭、理氣、天星、奇門、醫學等之道。理氣上，胡氏以「龍來當面，兩片乾坤」及「以七星之訣為主，以八卦之訣為用」總括「玄空大卦」。書中以易卦、天星、奇門、醫學等解釋及旁通「玄空大卦」訣法，多有發明。如以天星解天元、地元、人元三卦：「應配太陽天元，太陰地元，其地球應配之於人元。」以易卦及曆理解「四十八局」，以六十年上下分陰陽零神正神，餘如「兩片」、「天心十道」、「挨星」等，皆有其見地。又提出，選擇在堪輿上是非常重要：「洞察陰陽二宅化理，皆以時為重」。

本書坊間雖有流傳，可惜是新編重排本，內容有刪改及改動處。為令此原版本不致湮沒，特以最新技術將原書修復，精印重刊，一以作玄空法訣資料保存，一以供同道中人參考研究。

安吳胡仲言先生著

地理辨正補註

夢仙草堂藏板

中華民國十五
年仲夏月出版

序言

夫堪輿者天地之道也世人皆知此道而不知其所以然之道先賢蔣大鴻著辨正以及江西鄧恭所著地理知本金鎖秘一書發明易理著書立說彰彰可考發聾振聵說掃百家將世俗諸書辨是非定眞僞成地理之正宗度金針以濟世厥功甚偉無如世人止從形跡上着眼而不能領會其精義要知此書乃言易理天氣流行爲無極即有極之氣也余少因貧輟讀年將弱冠先嚴芾村公以形家之書孜孜手授始知指白梗槩如是者十餘年遍讀地理諸書思窮徑絕乃得我鄉朱公所遺秘本習其所傳奧而難明又五年始知梗槩惟讀辨正之書幾近二

十年之久以及撼龍疑龍看體諸法頗費研究厥後所見蔣國先賢所著地理正宗存有楊公疑龍經下卷後天地人三刼蔣公大鴻稱爲天寶洵無愧色不幸於清道光年間竟被寇宗所删查此書創始於唐逮至有宋以後朱蔡諸賢輩出亦未敢妄加菲薄且此文尤爲終編之所重何得妄爲删削殊爲缺憾但先賢著書其秘旨往往藏之卷末幸勿以其文俗而輕削之嗚呼天道之難完豈可以人力所能挽回哉愚不揣固陋謹於無心道人直解之後杜撰數則不求字句之工但進愚者一得所望海內博雅君子幸垂教之以匡不逮則予之厚望焉

中華民國丙寅年安吳胡仲言自序

序二

昔自管郭以來前賢間世一出至唐時有一行禪師者精通易理學究天人惜其所著眞本爲帝宮所藏世間所刊行卦例坊本乃假託以擾外國者詎知外國未嘗擾而轉以擾中國也其後楊曾諸賢輩出闡發青囊之秘所著青囊序天玉經都天寶照諸篇其文玄妙知之者鮮清初蔣大鴻先生著補傳補註昌言救世將辨正之書普行天下頗極一時之盛迨道光間無心道人加註直解其文淺而其意長補救一時迄今世道衰微眞僞莫辨予惻然于心於是著補註五歌續後九星論地球說數篇將二十年心血公諸當世得失非所論也所望仁人孝子慈

孫深得此書之義免爲僞道所惑是則予之志也讀是書者要以得訣爲先予求師訪友煞費苦心每以我道寡合廢然而返後得抄本數頁乃一行仙師所著眞本反覆推求至忘餐寢如是者五年始得其中之奧妙愚本魯鈍或者鬼神之見告也夫玄空大卦係言天星但此法造物之所忌先師之所秘終歸之於口傳心受楊公云千金難買此玄文福緣遇者無輕洩殆以待有緣有德者歟嗚呼天道之難明有如此者耶予何人斯又安敢忘仙師之戒哉是爲序

民國丙寅年仲春月安吳胡仲言自序于養心室

胡氏曰、予著補註發明青囊之秘、無如其文太簡倘得老壽將各處詳加細註、再板發刊、志在加補直解之後、因限較對手續之煩、付梓資金太鉅、而讀是書者、必須先讀蔣註、以後再看拙著俗解、然而文雖淺陋、其理頗能自信、但此經文一字一義、非筆舌所能盡、自問才力淺薄、遺漏之處甚多、深望當世博雅君子、一字一義、詳加較正、逐細註解、要使海內仁人孝子、深得此書之義、是則予之所望得訣之後賢也、丙寅三月胡氏仲言自叙、

一補註青囊經三卷

一補註青囊序一卷計十八節

一補註青囊奧語一卷計十八節

一補註天玉經一卷計四十九節
一補註都天寶照一卷計四十三節
一補註靑囊內傳一卷又名三字靑囊經
一天元五歌續後一卷
一九星體論一卷
一地球說一卷
一陰陽二宅理論一卷
一補述地理學習之法一卷
一補註目講禪師玄空秘旨一卷附加一節
一樂道歌一卷

漢口武漢印書館印

大易卦象說

勸善歌一篇

胡氏曰予著補註以後、增加以上諸篇、皆出易理心法、使讀者循入正道而馳、引爲大易之理、免被僞法邪說所惑、其卦爻有內外之分、清濁之氣、賓主之別、動靜往來、三般卦爻之法、若不由此正訣入門、盡是僞道、世俗眞僞之書、皆要細讀、則可辨其眞僞、眞者奧而難明、僞者學而易曉、其難明者、進而求之、精而思之、其不知者、訪道高人、而指示之、庶幾得入正軌、此道非一朝一夕、可能領悟、非數十年苦心、畫卦變爻、觀水思氣、苦心思索、自然柳暗花明、胸若空虛、心若明鏡、橫行天下而謂神仙

安吳胡仲言隨緣子補註

兄馨山氏　較正

靑囊經上卷 黃石公授赤松子

經曰天尊地卑、陽奇陰耦、一六共宗、二七同道、三八爲朋、四九爲友、五十同途、闔闢奇偶、五兆生成、流行終始、八體宏布、子母分施、天地定位、山澤通氣、雷風相薄、水火不相射、中五立極、臨制四方、背一面九、三七居旁、二八四六、縱橫紀綱、陽以相陰、陰以含陽、陽生於陰、柔生於剛、陰德宏濟、陽德順昌、是故陽本陰、陰育陽、天依形、地附氣、此謂之化始、

註解五兆言五行生成言合、一六二七三八四九五十、由

此五光生成、流行終始、發生萬物、而萬物皆由八卦子母之所發也、其一六二七三八四九五十、要看河圖、細心察之、天地生成、皆在一方、體用在此也、如一二三四五爲天、六七八九十爲地、然天中有地、地中有天、所以玄空顛顛倒、若知此法、玄空卦、並非顛倒也、天依形、天依地之形爲用、地附氣、地以天之氣爲用、天地陰陽、不可須臾離也、其陽氣升於九天之上、而爲陰、則成坤道、所謂陽極則變陰、陰氣降於九地之下、而爲陽、則成乾道、所謂陰極則變陽、陽極而陰、陰極而陽、升升降降、變化無窮、日而夜、夜而日、無有休息之時、逢九則爲極、極極者變也、其權在數中始、三而變、九而終、終而復始、始而復終、天氣使之然也冬爲氣也、至大至剛、萬物皆是此氣、氣者數也、人能得知其數、則生者可以善其生、死者可以善其死矣、是故天一生水、地六成之、由天之一、而行到天之五、陽極則變陰、則爲地六成之、由地之二、行到地之六、陰極則變陽、則爲天七成之、其中間所行之數、是五數、故天數五、地數五、爲天地之兩片也、其後三八四九五十、莫不皆然、蓋天地所行之氣、分之則爲兩片、管之則爲三卦、將三卦九運、配在八卦之上、其五數之土、屬中央、共之而爲九宮、在八卦九宮之上而行、川流不息、終而始、始而終、生生化化之機也、此之謂化始、其化始之由、則一三五七九爲奇、二四六八十爲耦、此奇耦陰陽之十數發始、而百千萬之數皆自此始也、世之講地理者、不但不能知止、而且知始之法、尚不能知也、其陰陽奇耦兩片三般卦爻之法、眞未夢見矣、豈拘以有形者、所可同年而語哉、

中卷 古文作天官篇

經曰天有五星、地有五行、天分星宿、地列山川、氣行於地、形麗於天、因形察氣、以立人紀、紫微天極、太乙之御、君臨四正、南面而治、天市東宮、少微西掖、太微南垣、旁照四極、四七爲經、五德爲緯、運斡坤輿、垂光乾紀、七政樞機、流通終始、地德上載、

下臨、陰用陽朝、陽用陰應、陰陽相見福祿永貞、陰陽相乘禍咎踵門、天之所臨、地之所盛、形止氣蓄、萬物化生、氣感而應、鬼福及人、是故天有象、地有形、上下相須而成一體、此之謂化機、

註解日月與五行爲七政、二十八宿爲輔助之四極、二十八宿木金土日月火水、五行七政、周流六虛、要在此七政五行、過細研究、論至此有不能已者、特爲指出天市太陽、少微太陰太微斗星、旁照八方、其五行七政流行終始過宮纏度、發生萬物之機也、歷來先賢慎秘、從未指出其精微、而予浪洩天寶、重違先師之戒、則我有所恐懼矣、所配二十八宿五行、木爲歲星、火爲熒惑、土爲鎭星、金爲太白、

水爲辰星、故泰西以太陽爲用、其星期日屬房虛昴星四宿、回教遵太白爲用、屬亢牛婁鬼四宿、中國遵太陰屬心危畢張四宿、而每月十三至十五、十六至十八、定有此宿値日、其宿値日、太陰正圓之時也、其上半月三天者、三才也、上片也、其下半月三天者、三才也、下片也、但其中有出三才之外者、故置閏月以平之、如泰西有一月三十一日、置閏日之法相同也、其中外陰陽歷書、非置閏、不足以安頓二十八宿之氣、遵太陰者、則不知月旺於何日、圓於何時、遵太陽者、則不知日旺於何時、定於何日、遵太白者、則不知金旺於何時、定於何日、進而求之、則有時刻之[illegible]也、

下卷 古文作叢辰篇

經曰無極而太極也、言日月地球三才之氣、而行八卦、隨時而在之立極、處處可以立極、時時可以立極、無極即有極、此謂眞太極也、理寓於氣、知無極之理、即知太極之氣流行也、氣囿於形、有此氣行地中、生出諸般有形之物、山川土壤、皆本氣之生也、日月星宿剛氣上騰、日之天、月之地、司氣之元化、內有二十八宿司五行之生尅、司春夏秋冬之寒暑、皆上騰剛氣所使也、山川草木柔氣下凝、月日司氣之元化、在下而行之、爲下片、此文即氣囿於行之義言天即搓而言地、若月之地當令爲天、而下片即爲上片矣、則上片又在下而行之矣、資陽以昌用陰以成、天地共用、一生之、一成之、資天之氣所生、用地之形所成也、陽德有象、陰德有位、陽者天有二十八宿、分布週天十二次舍、五行九星、天象、地下山川土壤分布二十八宿、五行九星之形、東南西北之位也、地有四勢、氣從八方、地有南北東西四正、乾坤艮巽四維、氣從此四正四維之上而行八方、川流不息陰陽而行之、有由四正來者、有由四維來者、外氣行形、內氣止生、外氣山川形體、內氣天氣流行、要知天氣止處、爲生氣也、乘風則散、界水則止、知地形而不知天氣、爲乘風也、界水二字、非言地下山川之水、乃言天上流行之水、要知天上流行之氣、止處是也、是故順五兆、用八卦、天數五、地數五、河圖一到十、此中所蓄五行爲五兆、以此生成之數、用在八卦之上、天有象、地有形、用此形象在八卦耳、排六甲、布八門、推天干之六甲、布在八卦之上、爲八門耳、推五運定六氣、推五紀之運、十二年爲一紀、推此五紀六十年、爲五運、定六氣、六十年之氣也、如一年十二月、以六個月爲六氣耳、明地得、立人道、當知上文用法、以此立人道、治國治家、儒者所當知也、因變化、原終始、因氣之變化、原此歲月甲子、週而復始、紀年審運之終始也、此之謂化成、由此而化成也、

註解天有象、地有形、地上所有之形、卽天上所有之象、認形者易、認象者難、高人妙用之形象、卽體用之相合、上下相須而成一體、此之謂化機、其外氣行形、地之體也、內氣止生、天之用也、而用在天氣所到之處、爲氣止之處是也、其蔣公盤銘、父母六子、範十二支、由子時至巳時、六支爲父、由午時至亥時、六支爲母、然其氣行到午時之[illegible]

時之六支爲父、子時之六支爲母也其時時刻刻有父母之分、此父彼母、此母彼父、時刻不能相離、所以楊公以雌雄而名之也、若失此雌雄陰陽兩片之用、則孤陽不生、孤陰不育、而陰自爲陰、陽自爲陽、無生生化化之機、則無日夜之分、而日者恒自爲日、而夜者恒自爲夜、而山者恒自爲山、而水者恒自爲水矣、不知地理二字如何而解、地無理則不生、理無地則不成、無生無成、則無天地陰陽之分、無天地陰陽之分、則無世界矣、人生天地之間、全憑陰陽二氣、至寅時則生人、故天開於子、地闢於丑、人生於寅、聖人以此爲三才、鼎足而立於天下矣、其三才之道、大者遠

者、萬物莫大於此也、所以天下諸書、莫不由三才而發始
者、而地理辨正一書、實足於附聖經之驥尾、望讀者莫輕
視而忽之也哉、其天地人三才、太陽三卦、太陰二卦、地球
之人元一卦、以理推之、則太陽比地球三倍之大、太陰比
地球二倍之大、其地球只有太陽三分之一、有太陰之半
也、天地本不動也、而地球時時刻刻而動之、其天地之氣
使之然也、則萬事萬物、莫不由乾坤之氣所使者乎、

青囊序曾公安求已著　　安吳胡仲言稚言

楊公養老看雌雄、天下諸書對不同、

註解天地大雌雄也、當日楊公看天地、是活看、比之有羽毛之物、眞得天氣之秘、所以諸書對不同、亦有對同者、對氣也、若天運一轉、又不同矣、實無之法、可能相同者也、對不同、要作著書之文法看、方合作書本意、假使雄飛到雌位、則雄位上是雌矣、當細細察之可也、間有對同者、對天氣也、善人合天之象、在乎知時而已、所玄者一對字耳、雌雄活看、時刻交媾、非交媾則不能生育也、其空中之氣、此來彼往、此往彼來、則來者與往者交媾、而往者又與來者

交媾川流不息、以定春夏秋冬、四時之氣也、

先看金龍動不動、次察血脉認來龍、

註解金龍者、先後天乾龍也、動則屬陽、靜則屬陰、動陽靜陰、血體脉用也、其先看山川形體、次以空中之氣爲用、有體則有用、若不先看其體、則無所用之地矣、

龍分兩片陰陽取、水對三叉細認踪、

註解動亦可用、靜亦可用、陰用陽朝、陽用陰應、要知此法配合水對三叉者、天氣流行之水、上卦將交下卦之時也、天運過氣之時、亦爲三叉耳、其兩片者、空一片實一片、動一片靜一片、天一片地一片、有形一片無形一片、若曉得

两片、必要知三叉水、即天運所管三般卦是也、細論何時屬天元、何時屬地元、何時屬人元、不能以對字定作過氣解、下文水交三叉、要相過、乃是眞過氣、其一字一義、尤當細辨、惟認蹤蹤字、作天地人三般卦過氣之時、而解之可也、地體三叉水、言來龍分天地人、卦爻過脉、以地之體、來合天之用、山龍要以此爲重、其平洋者、乃一團陽氣、三才會聚在所輕也、故山龍復攷要跑山看體、平洋復攷重用、其體只要會用近水之法、包羅萬象矣、察血脈、認來龍、即此義、血脉天、來龍地也、對字亦能作過氣而解、因有兩義故也、蹤字認三般卦蹤跡、亦爲兩義、水對二字、即氣在何處、要認在何處是也、通篇經文、皆屬活句、非死句也、要細察之、其水字而作氣解、亦爲兩義、言天者作氣字解、言地者、作水字解、先賢蔣公尙不肯明言、而予有浪洩天機之過矣、

江南龍來江北望、江西龍去望江東、

註解一陰一陽之兩片、時時刻刻不能相離、兩片爲用、若失此兩片之用、則孤陽不生、孤陰不育、所以陰陽動靜如明得配合生生妙處尋、誠哉妙處也、望者、望東南西北四極之氣、其南來之龍穴、爲靜爲陰、爲體、爲一片、有形者之一片、要望空中之氣、北來者、爲動、爲陽、爲用、爲一片、無形

者之一片也、反而言之、江北龍來江南、望而江北爲體、江南爲用、即北來之龍、以南爲向者也、其江東江西同一義也、則乾坤艮巽、亦同此義、讀者要細心領畧、非筆舌所能盡述也、

一生二兮二生三、三生萬物是玄關、山管山兮水管水、此是陰陽不待言、

註解由天子時生地之丑時、爲生二兮、一二生成之後、爲乾坤再生地球之三、屬寅時、由寅時發生萬物、玄關盡在此、其寅時生人、爲三生萬物、天地人三才、爲玄關也、山管山、言地一片、水管水、言天一片、言天地兩片陰陽、即在此、

何須言矣、其有一卦、卽有三卦、天之定數也、有三卦、卽有九運、要細分辨之、

是以聖人卜河洛、瀍澗二水交華嵩、相其陰陽觀流泉、卜年卜世宅都宮、

註解引起下文、重向水爲龍也、聖人卜河圖洛書、瀍者天上氣、澗者地下水、相氣觀體也、卜年卜世、卽三十年爲一世、所用者流行之氣、以此氣遷都遷宮、皆以此爲用、瀍澗水名、華嵩山名、以有形之體、引天上無形之用、蔣註周公卜洛、因洛書、發於後天故也、

晉世景純傳此術、演經立義出玄空、朱雀發源生旺氣、一一講

說開愚蒙、

註解重向水也重天氣也朱雀在向、玄空以向爲主也、此節指出氣字、要一字一義細察、上文言空實兩片、至此則言空中一片之妙用、發源爲氣之始、即爲數之始也、

識得陰陽玄妙理、知其衰旺生與死、不問坐山與來水、但逢死氣皆無取、

註解言得傳之後、玄空卦中、有死氣之方、皆無取也、必須看二十四方、若有死絕氣之方、皆不可用、坐山言體、爲實一片、來水言用、爲空一片也、其四氣之中、惟死氣最忌也、

先天羅經十二支、後天再用干與維、八干四維輔支位、子母公

孫同此推、

註解一元三運、有七十二子孫、是干支卦位之子孫、三元九運、是推出挨星之子孫、屬天也、其八干四維、配成二十四山爲用、一體一用、皆定之以羅經、故爲同此而推也、

二十四山分順逆、共成四十有八局、五行卽在此中分、祖宗却從陰陽出、陽從左邊團團轉、陰從右路轉相通、有人識得陰陽者、何愁大地不相逢、

註解二十四山分順逆、卽分陰陽也、何來順逆耶、眞知玄空者、分左右耳、卽東西兩卦之義、後節子癸午丁、發明此義也、要知倒排起父母、則知順子逆子兩局之分耳、其分

順逆兩盤、即四十八局、陽在左邊、陰即在右邊、陽在右邊
陰即在左邊、有時時刻刻左右之分也、
陽山陽向水流陽、執定此說甚荒唐、陰山陰向水流陰、笑殺拘
泥都一般、若能勘破個中理、妙用本來同一體、陰陽相見兩為
難、一山一水何足言、
註解陰陽相見、要山上向上、皆得令星、即下文、依得四神
為第一之義、陽山陽向順行、陰山陰向逆行、只要收到旺
氣、妙用本來同一體也、三元三合、皆是此法、只要妙用、同
一體也、陽山陽向、言氣、陰山陰向、言體、陰陽相見之妙用
者、最難矣、陽者用、陰者體、亦空實之兩片、楊公著書、一絲

不漏有如此者、眞天人也、

二十四山雙雙起、少有時師通此義、五行分布二十四、時師此訣何曾記、

註解言玄空卦、中五立極、有順有逆、天一盤、地一盤、順逆歸天運之所管、雙雙之秘、盡在此焉、要知五星配出九星名、能知雙雙起之義、五行二十八宿之五行、以此五行配九星二十四山、何山得何五行、何水得何五行、非通天文者、曷克知此、何怪乎時師之不知也、其法在天心三般玄空卦上求之、方知雙雙二字之意也、

山上龍神不下水、水裏龍神不上山、用此量山與步水、百里江

山一晌間、

註解即山管山、水管水、天行天、地行地、不相混雜之義、即兩片之義也、山上龍神、看體之用、水裏龍神、看氣之用、其空實兩片、此往彼來、爲一片、此來彼往、爲一片、分之則有四片、爲四極、四極分之、則有八片、爲八卦、八卦分之、爲八八六十四卦、合之則二、分之則八、而八卦之用、則有百千萬之數、皆出之於八卦、之所用也、易之道大矣哉、而萬事萬物、皆不能逃大易之數耶、

更有淨陰淨陽法、前後八尺不宜雜、斜正受來陰陽取、氣乘生旺方無煞、來山起頂須要知、三節四節不須拘、只要龍神得生

旺、陰陽却與穴中殊、

註解言在氣不在方、即斜正之體、要氣來合、方無煞、八尺言遷向之處、後山趄頂者爲龍、此處不宜與向相反、兩處皆要看氣來合體、學者不可不愼也、其八尺者、遷穴之處、淨陰淨陽、言九星之形體爲陰、要天上九星之氣爲用、如地形貪狼星之體、即要天上貪狼星之氣是也、只要得向上旺氣、爲龍、爲當面之龍神、與穴中在山之分別也、卽山管山、水管水、之義、陰陽與對待者而言、卽賓主之意也、

天上星辰似織羅、水交三义要相過、水發城門須要會、卻如湖裏雁交鵝、

註解水交三义、言一卦過氣也、雁交鵝用來合體也、言天上之雁、來交地下之鵝、其三义過氣、即三般卦過氣、洩漏在此、水發城門須要會前賢註體、詳解明白、今特披肝露膽、詳言天上之用、水者天上流行之氣、發者用也、城門者、手中九宮掌訣也、須要會者、五行與九星相會、體用相合也、讀是經者、一字一義、須要熟思而細省察之、舉一隅不以三隅反者、空讀是書矣、

富貴貧賤在水神、水是山家血脈精、山靜水動晝夜定、水主財祿山人丁、乾坤艮巽號御街、四大尊神在內排、生尅須憑五行布、要識天機玄妙處、乾坤艮巽水流長、吉神先入家豪富、

漢口武漢印書館印

註解水神向上九星之水、生尅要憑五行爲用、在玄妙處也、乾坤艮巽爲門戸道路、故號御街、四大尊神、卽衰旺生死四氣、水動山不動、日而夜、夜而日、以此定玄空卦也、

請驗一家舊日墳、十墳埋下九墳貧、惟有一墳能發福、去水來山盡合情、

註解時有先後、坐山朝向、雖是一般、獨此墳正得當時之氣也、其去水來山、體用往來之相合也、

宗廟本是陰陽玄、得四失六難爲全、三才六建雖爲妙、得三失五盡爲偏、蓋因一行擾外國、遂把五行顚倒編、以訛傳訛竟不明、所以禍福爲胡亂、

註解言此法擾外國、反禍中國、五行本要生尅而此五行顚倒、所以不驗也、此節有穩語、特為指出、知我罪我、洩盡天機之秘矣、其五行錯亂、有驗有不驗者、獨玄空大卦之五行、乃是眞法、地理之書、汗牛充棟、只有辨正之一書、為先賢的傳、其上文言體、下文必言用、下文言體、上文必言用也、須知不能分開為兩下、經中詳言之矣、讀是書者、要在空一片用功夫、若能得空中之一片用法、則隨手取用、皆成妙諦、能可行之半天下、其平洋之地、隨處立向、皆保平安、所以平洋重用、而天下之地、平洋可配半數、得空中一片之訣、雖不知巒頭之人、尚可行之半天下矣、其空中之道、至玄至妙、習此術者、先要在書卷之中用功夫、然後在跑山看體、自然眼力高明、心領神會、則人不知、而我知之、人不敢用、而我敢用之、則高人妙用、比之陸地神仙也、

青囊奧語　楊筠松著

安吳胡仲言補註

坤壬乙、巨門從頭出、艮丙辛、位位是破軍、巽辰亥、盡是武曲位、甲癸申、貪狼一路行、

註解此中有挨星口訣、必待眞傳可推測而得、如甲癸申之氣、是一二三、此氣一路行也、要知此氣在何方耳、巨門者天心、甲癸申挨排、位位者、言本宮也、尙有四句補加、子未卯三碧祿存到、戌乾巳四綠是文曲、寅庚丁、八白左輔位、午酉丑、九紫右弼臨、

左爲陽、子癸至亥壬、右爲陰、午丁至巳丙、

註解此節通篇之所重、陰陽左右南北東西、皆在此也、後

節子癸午丁、配天元宮、發明一二也、其四十八局根基在此處、要細察之、

雌與雄、交會合玄空、雄與雌、玄空卦內推、

註解山水分用之法、上片重向、爲玄空、下片重山、爲內推、要分出上下兩片、方知用法耳、知內推、方知交會、即陰陽交媾也、雌與雄、爲山與水、雄與雌、爲水與山、其謂山水比之雌雄、讀者要活看、而知變化也、

山與水、須要明此理、水與山、禍福盡相關、

註解承上文山水分用之法、山與水、即體與用、其上文言雌與雄、恐人不知、故直言山與水、水與山、關於禍福也、

明玄空只在五行中、知此法、不須尋納甲、

註解楊公反覆言之、領會者少也、玄空之法、要五行並用、其納甲之法、是三合家眞法、起二十八宿、亦爲眞法、異途同歸、其理則一、通者乃是一家之法也、

顚顚倒、二十四山有珠寶、順逆行、二十四山有火坑、

註解玄空卦、皆顚倒得來、毫釐千里、間不容髮、一錯又不知幾千里也、其顚倒三般卦者是也、順逆行者、玄空順逆、氣使之然、顚倒三般之後、再用非陽順陰逆之呆法也、

認金龍、一經一緯義不窮、動不動、直待高人施妙用、

註解認得金龍、要用經緯、經緯者、陰陽之中二十八宿是

也、而動與不動、去取分焉、動者有氣、不動者無氣、萬物皆是此氣也、觀氣經緯萬端、知玄空者、爲高人妙用、第一義、要識龍身行與止、第二言、來脈明堂不可偏、第三法、傳送功曹不高壓、第四奇、明堂十字有玄微、第五妙、前後青龍兩相照、第六秘、八國城門鎖正氣、第七奧、要向天心尋十道、第八裁、屈曲流神認去來、第九神、任他平地與青雲、第十眞、若有一缺非眞情、

註解此中有數句言體、第四第六第七、乃是言用、第五言用、青龍非左右青龍、是前後之陰陽、所配奇妙秘奥四字、爲用耳、天心十道、穴中前後左右十字是也、處處要合體

用、教人用事慎重之義、配成十句也、其八國言八卦城門掌訣、用八卦城門訣、鎖住正氣、此爲秘訣也、

明倒杖卦、坐陰陽何必想、

識掌摸、太極分明必有圖、

知化氣、生尅制化須熟記、

說五星、方圓尖秀要分明、

曉高低、星峯須辨得玄微、

鬼與曜、生死去來眞要妙、

向放水、生旺有吉休囚否、

註解倒杖、天地人三龍接脈也、明玄空卦也、識掌摸、掌訣

也、得訣點穴也、知玄空化氣生尅、得訣之用、五行之五星
龍體、方圓尖秀要分明、曉高低、即天地山上星峯、兼要辨
之、後鬼前曜、生者有氣、死者無氣、來往之氣要妙用、向放
水、玄空重向也、在向上而定吉凶禍福也、此七句、體用兼
言、乃天上之北斗七星、空中所定吉凶、在向上分清也、
二十四山分五行、知得榮枯死與生、翻天倒地對不同、其中秘
密在玄空、認龍立穴要分明、在人仔細辨天心、天心既辨穴何
難、但把向中放水看、從外生入名爲進、定知財寶積如山、從內
生出名爲退、家內錢財皆盡費、生入尅入名爲旺、子孫高官盡
富貴、

註解翻天倒地對不同七字、五行生尅空中之氣在向上分淸也、二十四山要以玄空五行爲用、天心者正運也、要在管三卦一卦通仔細辨之、五行生入尅入、玄空爲進、從外來者是也、此五行生尅、乃是空中之氣、切勿誤會爲要、

脈息生旺要知因龍歇脈寒災禍侵、縱有他山來救助空勞祿馬護龍行、

註解有大龍大脈之體、不得當時當令之向、雖有此祿馬好看、空勞無益也、空中之氣、生旺者要知之、不知者爲龍歇脈寒、其禍不旋踵矣、他山者言穴中所見外砂是也、而本山之龍、不得當時之向、旺氣爲用、亦爲他山之無益也、

勸君再把星辰辨、吉凶禍福如神見、識得此篇眞妙微、又見郭璞再出現、

註解言在氣、不在體也、通篇皆言天上之星、勸人要以天上星辰爲用、則吉凶禍福、如神見之、世之講地理者、將巒頭理氣、分兩下而用、豈知巒頭教人看形體、分九星之形象、因天上九星之象、無形可見、以有形之體、來合天上之用、本是太極兩片之一物、有形一片、無形一片、何能分開兩下耳、

天玉經

楊筠松著　安吳胡仲言補註

江東一卦從來吉、八神四個一、江西一卦排龍位、八神四個二、南北八神共一卦、端的應無差、

註解江東一卦者、起爲首之一卦、只有此一卦、周流六虛、江西一卦者、排地也、以乾道行天、坤道行地、其行天行地、皆是行氣、氣者水也、共一卦者、天地所餘之氣也、應配天元得三卦之用、乾之策、二百一十有六、豈不是三個七十二子息乎、坤之策、一百四十有四、豈不是兩個子息乎、東西南北、八神之氣、內含有一卦屬人元、故文王卦有六爻、六爻者、配天地人三卦、六爻有內卦外卦之分、內卦者、一

片也、外卦者、亦一片也、周易者、天地之道也、世間萬事萬物、皆不離乎此兩片、其兩片、有上片下片之分、若下片當令、則上片爲下片、共之道大矣哉、其江東四個爲東片、屬天元、一者一卦得三卦之用、故爲四個一也、江西四個爲西片、屬人地元、二者二卦共得三卦之用、故爲四個二也、東西南北、八神六卦、而共用之、故爲一卦也、其人元附屬地元、共得三卦、人居地上、故也、追其大者遠者而言、應配太陽天元、太陰地元、其地球、應配之於人元也、

二十四龍管三卦、莫與時師話、忽然知得便通仙、代代鼓駢闐、

註解二十四龍、爲三般天地人、三才所管、要知天地人三

才、卽知所管矣、既知東西二卦之兩片、必要知三般卦所管二十四龍、即二十四山、何山當順、何山當逆、順者順、逆者逆、天運使之然也、以無形之氣、爲主者也、

天卦江東掌上尋、知了値千金、地畫八卦誰能會、山與水相對、

註解指出天卦在掌上而行、世人不能領會、要在東西二卦上求之、地卦是神卦、作山上用、要對向上之乾卦也、相對二字洩漏春光矣、玄空在掌而用、江東者、爲天卦也、

父母陰陽仔細尋、前後相兼定、前後相兼兩路看、分定兩邊安、

註解前後左右皆要相看也、父母言卦之中爻耳、仔細尋父母、落在何宮何位、分定兩邊、再用玄空交會者、爲安也、

卦內八卦不出位、代代人尊貴、向水流歸一路行、到處有聲名、龍行出卦無富貴、不用勞心力、只把天醫福德裝、未解見榮光、

註解在天運所管之卦、爲卦內也、向水同歸一路、言向上之氣已得、其後用法、一氣清純、爲一路也、八卦不出卦之龍最貴、要以天上之氣遷向、體用相合也、選擇之期、爲水流歸一路行、玄空重用、凡用者、皆要慎重也、

倒排父母蔭龍位、山向同流水、十二陰陽一路排、總是卦中來、

註解十二支之陰陽、不離乎八卦之用耳、其父母子息皆要倒排、若順排、反得其煞氣也、

關天關地定雌雄、富貴此中逢、翻天倒地對不同、秘密在玄空、

註解天一片地一片、由兩片而定之爲雌雄、對不同者因雌雄東飛西飛、不能定其方向也、定玄空卦、以時爲用、故對不同、關天關地、以乾坤定陰陽也、

三陽水向盡源流、富貴永無休、三陽六秀二神當、立見入朝堂、

註解三陽者、丙午丁、楊公三陽壬子癸、蔣公三陽丙午丁、所以天有當運之時、地亦有當運之時、總不離乎兩片耳、三卦爲三陽、六爻亦爲六秀、

水到御街官便至、神童狀元出、印綬若然居水口、御街近台輔、鼕鼕鼓角隨流水、艷艷紅旆貴、

註解水到二字、言天氣以下、皆以形象言、水到御街者、言

乾坤艮巽、而子午卯酉亦在其中矣、言四維者、而四正亦在其中、細心辨之、

上按三才並六建、排定陰陽算、下按玉輦捍門流、龍去要回頭、

註解三才天地人、六建干神支神、以此天地人三卦推算、龍去要回頭言體、楊公天地人三刧詳言之、在疑龍卷三才亦爲三卦、六建亦爲六爻、可作此解之、

六建分明號六龍、名姓達天聰、正山正向流支上、寡夭遭刑杖、

註解正山正向、八卦之四正卦、兩傍子息、皆是干神也、流字作水字解、天運之水、流在支上、是出卦也、出卦之害、不可不細心斟酌、以免差之毫釐、失之千里也、六爻亦爲六

龍、而四正四維、兩傍皆是干支、其稱六秀者、三卦两傍干支、豈不是六秀也、

共路兩神爲夫婦認取眞神路、仙人秘密定陰陽、便是眞龍岡、

註解共路兩神、一干一支皆可爲夫婦、有眞假之分眞者不出卦假者出卦也、仙人秘密定陰陽以玄空卦定之也、兩神者、亦爲兼向要一路行之、爲夫婦認玄空卦一路者、眞神之路也、其出不出卦者、一語道破、不能出三元之三卦、天地人之分也、後節子癸午丁天元龍、詳言之矣、世人不能領會其意之故也、

陰陽二字看零正、坐向須知病、若遇正神正位裝、撥水入零堂、

零堂正向須知好、認取來山腦、水上排龍點位裝、積粟萬餘倉

註解零正、即合一六二七三八四九分兩片爲用、子癸屬正神、午丁屬零神、若下片當令則正神又變爲零神矣、水上排龍、在向上分淸也、點位者、掌中之宮位也、零正上下、天地兩片之分、假使下片當令、則要合六一七二八三九四十五、一來一往者、來者爲陽、爲正神、往者爲陰、爲零神、來即往之始、往即來之源、無有休息之時也、

正神百步始成龍、水短便遭凶、零神不問長和短、吉凶不同斷、

註解水短天氣流行之水、短當宮當令之星者、爲正神、要在百日之前、爲百步、若用事過時者、爲水短也、

父母排來到子息、須去認生尅、水上排龍照位分、兄弟更子孫

註解父母子息、皆要認五行空中之氣生尅、其水上排龍在向、要看空中之龍、分何方何位、在管三卦之內者、爲兄弟也、照位掌中之宮位也、要細省悟得訣之人、尤當分辨之、免致害人害己、愼之愼之、楊公著書一絲不漏有如此者、眞天人也、實千古不磨之正經、使我肝腦塗地、有不能已矣者乎、安能辭洗世人肺腑、告知楊公書中之義耶、其與父母同行者、爲兄弟、與父母同輩者是也、

二十四山分兩路、認取五行主、龍中交戰水中裝、便是正龍傷、

前面若無凶交破、莫斷爲凶禍、凶星看在何公頭、仔細認蹤由、

漢口武漢印書館印

註解氣不清純爲交戰言來龍不好也若向收到令星一時不斷凶禍惟房分有偏枯耳用不合體之害也二十四山要以五行爲主如不明玄空卦錯遷朝向爲交戰之龍裝在水中也則其正龍豈不受傷矣

先定來山後定向聯珠不相放須知細覓五行縱富貴結全龍

註解看來山之龍屬何卦再看向與時合不合須知五行之氣也先看體爲來山屬何卦再遷本卦當時之向其不當時者待之以時而用也

五行若然翻値向百年子孫旺陰陽配合亦同論富貴此中尋

註解五行者山上旺氣適合向上當時之旺氣爲翻値向

上也、陰陽配合陰用陽朝、陽用陰應、配合得法、亦同此也、山旺向旺、爲五行翻値向上、言山上體之五行、適合向上、空一片五行之旺氣、一樣、則山上是何五行、而向上亦是此五行、故爲翻値向上也、

東西父母三般卦、算値千金價、二十四路出高官、緋紫入長安、父母不是未爲好、無官只豪富、

註解三般卦、卽玄空卦、其二十四路、言二十四山、其父母不是者、言當時所用子息之氣也、東西者、兩片也、三般者、天地人之卦位也、

父母排來看左右、向首分休咎、雙山雙向水零神、富貴永無貧、

若遇正神須敗絕、五行當分別、隔向一神仲子當、千萬細推詳、

註解爻母排來看左右所重者在向、若出卦兼向者、要收水之零神、天元兼輔之意、隔向一神、言子山午向、遷在癸山丁向、禍福關乎仲子也、要看左右兩片、再定當時之吉凶也、其雙山雙向、必要零神在向方吉、若兼向一正一零、則正神又不純乎正神、則零神又不純乎零神、陰陽混雜之故也、惟兼向最要細辨、辨之不清、則敗絕不能免矣、

若行公位看順逆、接得方奇特、宮位若來見逆龍、男女失其蹤、

註解上句公位言氣之八卦、下句宮位言八卦之體、體用相合、爲接得也、逆龍者、即本元旺氣到山是也、若曉得三

般卦公位、再看順逆、由中五相交賓主者、爲接得也、如不能左右相接者、主賓不合者、爲逆龍也、其卦爻多端、在其中分出吉凶、則吉者爲接得、凶者爲逆龍、此處之逆字、要作凶字解之、世人順逆用錯、亦爲逆龍也、

更看父母下三吉、三般卦第一、

註解三吉者、即一元三吉也、收旺氣到向、不出卦者爲第一、父母下三吉、天地人之用爲三吉、配一四七天元、二五八地元、三六九人元也、

二十四山起八宮貪巨武輔雄、四邊盡是逃亡穴、下後令人絕、

註解若二十四山、只取八宮四吉、非挨星之眞訣、興起下

文之意、其二十四山、所用者九星、布在八門之上、以定生尅吉凶、非八宮之呆法者、可知也、

惟有挨星爲最貴、泄漏天機秘、天機若然安在內、家活當富貴、
天機若然安在外、家活漸退敗、五星配出九星名、天下任橫行、

註解玄空大卦五行、爲挨星也、在內不出卦、在外出卦也、須知五星配九星、方可橫行天下、其三般卦之挨星、爲最貴也、在天氣之內、三才之分、天元要取天元之氣、地元要取地元之氣、人元要取人元之氣、爲天機在內、若不知三才之分、欲取天元、又非純乎天元、欲取地元、又非純乎地元、欲取人元、又非純乎人元、卦氣錯亂、爲天機安在外也、

干維乾艮巽坤壬、陽順星辰輪、支神坎震離兌癸、陰卦逆行取、
分定陰陽歸兩路、順逆推排去、知生知死亦知貧、留取教兒孫、
註解分出玄空大卦、干支定位、其壬癸二字、分陰陽兩片、須要五星配九星、兼要細看上文之義、四維屬陽、四正屬陰、壬干爲陽、癸干爲陰、乃干支定位、非玄空卦之陰陽也、必要先知定位、然後再看壬氣爲陽、癸氣爲陰、此壬癸二字、發之先天陰陽二水、乃玄空大卦之發源、兩片由此而分、陰陽由此而定、天地之氣由此發始、其曰壬曰癸、挨星秘中之秘、其一氣字、蔣公不肯明言、但玄空大卦、所用者氣、以此定位分陰陽二氣、爲兩片、以氣爲主者也、然其用

法、則陽變陰陰變陽、又不可定之於位也、雖不可定之位、而氣定之、無常者、似乎有常、無恒者、似乎有恒矣、實有可定之氣、而在者也、所以翻天倒地對不同、七字而盡之矣、

天地父母三般卦、時師未曾話、玄空大卦神仙說、本是此經訣、不說宗枝但亂傳、開口莫胡言、若還不信此經文、但覆古人墳、

註解玄空卦、神仙所說、有緣者遇之、所玄者般字也、切勿自作聰明、亂傳假訣也、通篇所言乾坤兩片、三般天地人卦爻、當楊公之盛世、時師未曾話、可見此訣之難矣、

分郤東西兩個卦、會者傳天下、學取仙人經一宗、切莫亂談空、五行山下問來由、入首便知蹤、

註解子癸爲東一片、午丁爲西一片、以五行爲來由者、若西片當令、則東片爲西片也、五行非東甲西庚體之五行、要學之於仙人、五行之來由方可完善之眞傳正訣矣、

分定子孫十二位、災禍相連値、千災萬禍少人知、剋者論宗枝、

註解父母子息、隨天氣運行两片、非配定也、其子孫不可分定者、以氣爲主也、其不以氣爲主之法、則千災萬禍、然此氣用事、知之者少、要以氣而論吉凶之宗枝、宗者父母、枝者子息也、

五行位中出一位、仔細秘中記、假若來龍骨不眞、從此誤千人、

註解出卦者、癸到丑、爲出卦也、若天之氣不出方是眞骨、

出一位者、天上之氣出位、要細看地體來龍出位之龍、方可用事也、來龍言體、秘中記言氣、必要體用相合則不誤人、言體而不言用、言用而不言體、誤者豈止千人而已哉、一個排來千百個、莫把星辰錯、龍要合向向合水、水合三吉位、合祿合馬合官星、本卦生旺尋、合凶合吉合祥瑞、何法能趨避、但看太歲是何神、立地見分明、成敗斷定何公位、三合年中是、

註解一個排來、有千百之多、要父母子息一路、龍合向水、亦要一路、合祿合馬合官星、言三合法、要以玄空卦爲重也、太歲乃玄空最重之神、斷事成敗公位、即房分、皆以此神爲轉移、其三合年中、是合生成數也、其父母子息星辰、

莫用錯也、龍向水三者、皆要相合、如祿馬官三星、以玄空來合之、爲本卦生旺尋也、其龍者體也、向者用也、水者有體有用、此處水字作二義而解之也、

排星仔細看五行、看自何卦生、來山八卦不知蹤、八卦九星空、順逆排來各不同、天卦在其中、

註解順逆即左右也、看生在何卦之氣、或當順推、或當逆推、而天卦在其中、即天心一卦、使之然也、看生在何卦、須要三般卦上、用心細思、方知八卦九星、從空處而來、天卦在其中、而天氣所管而來、有一定之氣也、

甲庚丙壬俱屬陽、順推五行詳、乙辛丁癸俱屬陰、逆推論五行、

陰陽順逆不同途、須向此中求、九星雙起雌雄異、玄關眞妙處、

註解其每卦之中、皆有一雌一雄、要在天心處所求之氣、爲玄關妙處也、玄空大卦、在此泄漏一點、舉一隅、不以三隅反者、則不知此中所求妙境也、

東西二卦眞奇異、須知本向水、本向本水四神奇、代代著緋衣

註解東西二卦、皆重向上之水、此水乃天上流行之氣、收到五行九星中旺氣、爲四神也、本者、本天上空中之向、在向之氣爲用也、水者、即向上之氣也、

水流出卦有何全、一代作官員、一折一代爲官祿、二折二代福、三折父母共長流、馬上錦衣遊、馬上斬頭水出卦、一代爲官罷、

直山直水去無翻、塲務小官班、

註解水之旺星、一流出卦、一代發、若三折父母星長流之水、上吉馬上斬頭、一折之水也、水去無關鎖、雖得旺氣之向、發福最小、水一流便出卦、乃體之小地、如水流長而不出本卦者、爲大地必矣、

乾山乾向水朝乾、乾峯出狀元、卯山卯向迎源水、驟富石崇比、午山午向午來堂、大將値邊疆、坤山坤向水流坤、富貴永無休、

註解三句作一句看、六三九宮天氣流神之水、坤宮作二宮看也、當時當運、體用相合、正卦父母星、力大故也、乾山、卯山、午山、坤山、通而用之、要在四十八局、三般兩片上求

漢口武漢印書館印

之以氣爲主者、要分淸二十四山、屬何運何氣、而八卦之中、每一卦中、有三才之分、要細思之、非六十年三運當令、中五起父母、順挨九星之法、又非中宮起天運、順挨九星二十四山之法、地理經緯萬端、豈有如此之易耶、其實乾山乃水火之交媾、破軍殉星之金氣、以天氣流行之水、而定當時之吉向、爲水朝也、非深得靑囊之秘者、則不知此中之奧妙、豈江湖求食之輩所能望其門牆也、

辨得陰陽兩路行、五星要分明、泥鰍浪裏跳龍門、渤海便翻身、

註解識得陰陽兩片、要知五行生剋、言曉得兩路、即東西二卦、必須知五行、空中之氣生剋也、

依得四神爲第一、官職無休息、穴中八卦要知情、穴內卦裝清、
註解子癸午丁卯乙酉辛、同宮之義、穴內卦裝清、天氣也、要分清天上流行之氣耳、山上兩神、向上兩神、故爲四神也、其玄空卦山向共有四神之氣、故爲第一也、
要求富貴三般卦、出卦家貧乏、寅申巳亥水來長、五行向中藏、辰戌丑未叩金龍、動得永不窮、若還借庫富後貧、自庫樂長春、
註解出卦之星、爲借庫也、旺氣有不合龍之處、亦爲借庫、不明玄空者用錯爲出卦、要明二十四山、何山之氣當遷何向、與龍體稍有不合者、只取旺氣到向、爲借庫也、辰戌丑未之向、因稍有不合體之處、亦爲借庫也、必須體用砂

水、皆要相合、爲自庫樂長春也、

大都星取何方是、五行長生旺、大旆相對起高岡、職位在學堂、捍門官國華表起、山水亦同例、水秀峯奇出大官、四位一般看、

註解左右功曹、龍虎案托、捍門華表、一樣看法、須知玄空起在何方、卽在此處求之方、可用也、星起何方、是在玄空中所求者是也、四位一般看、山水之體、天上之用、一空一實也、以地下有形之體、來合天上無形之用耳、

坎離水火中天過、龍墀移帝座、寶蓋鳳閣四維朝、寶殿登龍樓、罡刼弔殺休犯着、四墓多銷鑠、金枝玉葉四孟裝、金相玉印藏、

註解中天過、移帝座、江南江北、水火交媾、卽江南龍來江

北望之意、星宿之美名、當活看、水火交媾、爲兩片、南一片北一片也、四維朝、四孟裝、即四維四正、八卦之用也、四維即乾坤艮巽、四正即子午卯酉、而屬天元、故謂孟也、

帝釋一神定縣府、紫微同八武、倒排父母養龍神、富貴萬餘春、

註解丙壬亥、即天地人之義、倒排卽顛倒之意、若帝釋一神、以定縣府龍之最貴者、紫微與八武、同帝釋之用也、或紫微、或八武、皆同帝釋之吉也、

識得父母三般卦、便是眞人路、北斗七星去打刼、離宮要相合、

註解打刼由現在、逆輪第七位、如坎卦一、逆輪到巽四、是刼、用天上氣流行到巽卦、遷朝巽之三向內、有一向爲離

宮相合最上一層作用也、北斗七星、乃天上之天星、萬事萬物、皆以此星爲主也、其離宮者、分開七星而用之也、

子午卯酉四龍岡、作祖人財旺、水長百里佐君王、水短便遭傷、

註解子午卯酉、言四正、則四維可以例推矣、水長百里、豈不出卦、到頭一節、仍在此卦、龍氣旺耳、水短是流出卦、不回頭也、子午卯酉龍最貴、水長百里、將相大地矣、

識得陰陽兩路行、富貴達京城、不識陰陽兩路行、萬丈火坑深、

註解識得兩片、而共用之、自能得心應手、兩路者、東西卦也、由中五分兩路而行者、亦爲兩路也、

前兼龍神前兼向、聯珠莫相放、後兼龍神後兼向、排定陰陽算、

明得零神與正神、指日入靑雲、不識零神與正神、代代絕除根、

註解前兼後兼體與用也、當令者爲正神、失令者爲零神、零正在兩片中分別耳、兩片時時刻刻有兩片之分、零正卽兩片、空一片爲零神、實一片爲正神、排定陰陽而推算也、零與正、體與用、空與實、父與母、動與靜、皆爲兩片也、

倒排父母是眞龍、子息達天聰、順排父母倒子息、代代人財退、

註解父母子息、皆要倒排、旺氣在坎癸、倒排則不用坎癸、章註直解、看五六到飛何卦位、卽曰壬曰癸、挨星秘中之秘是也、其父母子息、皆要倒排、似是而非、毫釐千里也、

一龍宮中水便行、子息受艱辛、四三二一龍逆去、四子均榮貴、

龍行位遠主離鄉、四位發經商、

註解一卦便流出卦、得一卦之用、不爲上吉、必要四三二一龍、徐徐逆去者、爲上吉也、一卦便水行、大約順行龍耳、

龍去不回頭、主離鄉、此龍言體也、

時師不知挨星學、只作天心摸、東邊財轂引歸西、北到南方推、

老龍終日臥山中、何嘗不易逢、只是自家眼不的、亂把山岡覓、

註解挨星另有挨法、作天心摸者難矣、其歸天心所管、當重天心、東引西歸、北到南推、眞心法也、挨星本要在天上摸之、時師不知挨星之法故也、其東邊用西、西方空一片也、北邊用南、南方空一片也、在空處思想者、可望入門矣、

世人不識天機秘、洩破有何益、汝今傳得地中仙、玄空妙難言、翻天倒地更玄玄、大卦不易傳、更有收山出煞訣、亦兼爲汝說、相逢大地能幾人、個個是知心、若還求地不種德、穩口深藏舌、

註解兩片翻來倒去、玄而又玄、穩口藏舌、免取災禍、歸重種德、雖不明玄空之人、能可得合玄空之地之向、德可回天、故以德爲重也、此篇楊公傳訣於黃公、叮嚀告戒之意、其玄空卦、皆在空中行氣、神仙所說、此乃通易理者、方能知之、而世之人所通易理、能有幾人、此所謂個個是知心、通此道者、世不多見、前賢後賢、一般見識之故也、而歸重種德、其求地者、先要種德、豈可以權利所能謀到大地哉、

此篇歸重種德、地理之道、以德爲主也、世人各修己德、報應毫釐不爽、大地小地在心地轉移之間耳、其玄空卦衰旺生死四氣、猶人心之喜怒哀樂四氣、其心喜也、其氣現之於外、其心怒也、其氣現之於外、其心哀也、其氣現之於外、其心樂也、其氣現之於外、皆由心主之所發也、天氣流行、猶如流水一般、氣從八方而來、還從八方而去、始而終、終而始、無有休息之時、必要知其所主、知其所發、知其所止、則可施之以用、其止也、定也、靜也、安也、慮也、得也、其此六者、不可缺一、是故明地德、立人道、無有止境、其太聖大賢、皆由此道之所立也、嗚呼、其道之難、知者能有幾人哉、

都天寶照經

楊筠松著　安吳胡仲言補註

楊公妙應不多言、實實作家傳、人生禍福由天定、賢達能安命、貧賤安墳富貴興、全憑龍穴眞、龍在山中不出山、卦在大山間、若是沙曲星辰正、收得陽神定、斷然一葬便興隆、父發子傳榮、

註解陽神定一句言用人以心爲主、禍福由天定之、賢達安命、大地不謀而得、人心卽天心也、卦在大山、天地人三般卦、發脈之處、沙要曲折有情、立穴之處、星辰要端正、將體看明白、卦爻分清楚、再以陽神玄空卦立向、自然發福、好龍脫刼出平洋、百十里來長、離祖離宗星辰出、此是眞龍骨、前途節節出兒孫、文武脈中分、直見大溪方住手、諸山皆不走、

漢口武漢印書館印

個個回頭向月前、城郭要周完、水口亂石堆水中、此地出豪雄、若得遠來龍脫劫、發福無休歇、穴見陽神三褶朝、此地出官僚、不問三男并五子、富貴房房起、津湖溪澗同此看、衣祿榮華斷、大水大河齊到處、千里來龍住、水口羅星銷住門、似大將屯軍、落頭定有一星形、非火土即金、正脈落平三五里、見水方能止、二水相交不用砂、只要石如麻、更看硤石高山鎖、密密來包裹、此是軍州大地形、細說與君聽、

註解其體中有用、山龍平洋、皆兼而言之、龍行到平洋結穴處、四山有情、用天上之氣、陽神遷向、體用相合、水口羅星關鎖、至結穴之處、地之火土金形象、用天上火土金爲

用、爲大地也、外砂密密包裹其中方可結穴、或有二水相交、雖無外砂亦吉、其脫刼龍言來龍剝換、剝換者、是五行生尅、來龍遠者剝換多、方可脫煞、此爲脫刼之義、其陽神三摺朝言水相朝也、此水字作二義解、一地下可見之水、一天上流行之水、不可見也、津湖溪澗、言平洋以水作山、同此一樣看法也、必須心領神會、自能得心應手矣、

天下軍州總住空、何曾撐著後頭龍、只向水神朝處取、莫説後無主、立穴動靜中間求、須看龍到頭、

註解、體中有用、平洋後空、只要玄空之氣爲朝、即爲龍來當面也、動爲用、靜爲體、在此中求之、龍到頭、要落平近水

之處、則能結穴、遠看穴在水中、近看穴在山上者、是也、

楊公妙訣無多說、因見黃公心性拙、全憑掌上起星辰、類聚裝成爲妙訣、大山喚作破軍星、五星所聚脈難分、但看出身一路脈、到頭要分水土金、又從分水脈脊處、便把羅經照出路、節節同行過硤眞、前去必定有好處、子字出脈子字尋、莫教差錯丑與壬、若是陽差與陰錯、勸君不必費心尋、

註解水土金言用、此節言平洋之龍到頭、要分五行之用耳、玄空卦在掌上而用、再看體何脈何卦爻、如子字出脈、在坎卦而尋、龍行曲折、皆不出坎癸二字、爲眞龍也、大龍發脈之地之山、名破軍星、此處五星所聚、分脈不易、天下

大山、起祖之大來龍、皆破軍而發脈也、體龍九星、以破軍爲主、空中之用九星、以貪狼爲重也、其破軍星大山、多不結穴、此山發脈之地名曰朶龍、此爲育龍之地也、

子癸午丁天元宮、卯乙酉辛一路同、若有山水一同到、半穴乾坤艮巽宮、取得輔星成五吉、山中有此是眞龍、

註解天元龍、要收輔星之氣入穴、子癸上片、午丁下片、卯乙上片、酉辛下片、子午卯酉上片、乾坤艮巽下片、當下片得令之時、則下片爲上片、而上片又爲下片矣、子癸午丁、卯乙酉辛、皆爲天元龍、過脈起頂、爲天元之體、再以玄空天元之用是也、若到人元之時、則乙辛丁癸、人元亦可用

漢口武漢印書館印

之、其實人元將交天元、故名乙辛丁癸水來催也、其三吉者、天地人卦氣分清、天元之體、天元之時、地元之體、地元之時、人元之體、人元之時、此謂三吉者也、其四吉者、要山上當時之旺、向上當時之旺、山上兩神、向上兩神、五行翻値向者、依得四神爲第一者、是也、若更取到輔星之氣入穴、則爲五吉也、然不必要取輔星、若其時之不能、則不必也、收到三吉、則爲吉矣、四吉亦更爲吉矣、五吉則盡善盡美、之吉者矣、若有山水一同到、言地體來龍、出卦之龍、四正卦、雜四維卦者是也、天上流行之氣當時、爲山水一同到、四正卦可兼四維卦、五分入六、亦所不礙、天元廣大兼容、雖出卦而用乾坤艮巽之山向、亦可也、天元八卦二十四山、皆可用也、須要知玄空之氣、則可也、其天地人三卦、皆通而用之、假使子癸午丁天元龍、卯乙酉辛夫婦宗、辰戌丑未爲正向、脉取輔星護正龍、在天元之時、遷辰戌丑未之向、不知者以爲出卦、其實天生之大地也、非三合家之爲四庫、要避之、而不敢用也、

辰戌丑未地元龍、乾坤艮巽夫婦宗、甲庚壬丙爲正向、脉取貪狼護正龍、

註解天元之後、卽接地元、並非顛倒、蔣註云天元接人元、然有天元之後、應接人元之時、楊公顛倒三才之序、其密

旨在玄空卦顛倒之意、引而不發、要在此等處活看、自然柳暗花名、心領神會矣、地元龍體、以地元之氣遷向其經四句、引天元可用辰戌丑未之向、以甲庚壬丙爲正向而、引之、何世人之領會者少也、如乾坤艮巽地元宮、辰戌丑未一路行、若有山水一同到、半穴子午卯酉宮、地元龍以甲庚壬丙爲正向、豈不是又以四正卦而用也、通篇皆是活句、讀者細心而神悟之、方可領略其意也、

寅申巳亥人元來、乙辛丁癸水來催、更取貪狼成五吉、寅坤申艮御門開、巳丙宜向天門上、亥壬向得巽風吹、

註解寅向坤、爲一片坤向艮、爲一片、巳丙爲一片亥壬爲

一片、其寅向坤者、未坤申、三陽也、其不曰寅向申、而曰寅向坤、其中至道、非深得靑囊之秘者、何能知楊公當日著書之苦心矣、人元龍體、要以人元之氣遷向、其人元只得一卦之用、氣運偪窄、故寅申巳亥配人元、不用乙辛丁癸配夫婦、雖不配夫婦、而用接氣相配、干支陰陽、名水來催之者、因人元之氣易交天元也、其己丙宜向亥、以淸人元之氣、且丙氣屬地元、相距不知幾千萬里、故要避之、其亥壬龍而向巽者、何以不向巳上、其氣在己丙之後、將要交天元之時、故取天元之巽向而用也、其天上之行氣、猶如流水一般、往者過、來者續、無一息之停、學者思氣、看川流

漢口武漢印書館印

之水、不但不以思氣、而且可以養心也、兼貪與兼輔同義、

貪狼原是發來遲、坐向穴中人未知、立宅安墳過兩紀方生貴子好男兒、

註解貪狼收到穴中、雖不當令、理氣已得、只要有此理氣、後日定發不爽也、玄空收到貪狼之氣、人不知也、惟玄空卦、有氣運之分、此言氣已收到、運尚未交也、

立宅安墳要合龍、不須擬對好奇峰、主人有禮客尊重、客在西兮主在東、

註解要合天氣、故不重地下、雖不重地、亦要體用相合、楊公教人、不可專重地之意耳、立宅安墳、以氣爲重、一樣用

法、主人、言來龍結穴之處、客者向也、其客在西、主在東、言坐東朝西之向、此亦假借而言、或客在南、兮主在北、同一義也、此乃不定之位、用在何處、即在何處是也、

天下軍州總住空、何須撐著後來龍、時人不識玄機訣、只道後頭少撐龍、大凡軍州住空龍、便與平洋墓宅同、州縣人家住空龍、千軍萬馬悉能容、分明見者猶疑慮、龍不空時非活龍、教君看取州縣塲、盡是空龍撥擺蹤、莫嫌遠來無後龍、龍若空時氣不空、兩水界龍連生窟、穴得水兮何畏風、但看古來卿相地、平洋一水勝千峯、

註解平洋後空、要收向上天氣爲龍也、穴得此向、何畏風

矣、穴得水、即玄空之向已得、不畏風也、平洋一水勝千峰之水字、乃體用兼言也、穴得水之水字、言天上之氣也、兩水界龍、平洋前砂後脉、包裹有情之謂也、

子午卯酉四山龍、坐對乾坤艮巽宮、莫依八卦陰陽取、陰陽差錯敗無窮、百二十家渺無訣、此訣玄機大祖宗、來龍須要望龍穴、後若空時必有功、帝座帝車並帝位、帝宮帝殿後當空、萬代侯王皆禁斷、予今隱出在江東、陰陽若能得遇此、蚯蚓逢之便化龍、

註解子午卯酉、爲一片、乾坤艮巽爲一片、兩片相對、爲玄空卦、若照八卦呆配、某山某向、是爲差錯、理氣本來八卦、

世人用錯故也、要知天氣流行、方爲眞訣耳、百二十家皆錯、獨楊公得其眞訣矣、子午卯酉、坐對乾坤艮巽、乃眞玄空、世人用錯之故、此眞訣侯王所禁、不敢筆之於書也、帝座帝車帝位空一片用法、玄空天元之三卦、帝宮帝殿實一片用法、玄空地元之二卦也、惟寶照之書、最不易讀、此書體用兼言、非道眼熟、何能辨其空實也、

子午卯酉四山龍、支兼干出最豪雄、乙辛丁癸單行脉、半吉之時又半凶、坐向乾坤艮巽位、兼輔而成五吉龍、

註解言體用也、子午卯酉龍、要兼乙辛丁癸而出、方爲眞龍、兼甲庚壬丙爲假夫婦、下文甲庚壬丙屬地元龍、別有

用法、乙辛丁癸單行脈、最易出卦、若不出卦、爲大地矣、子午卯酉爲四正龍、子兼癸、午兼丁、卯兼乙、酉兼辛是也、則乾坤艮巽兼支而出、已在言表矣、天元之大、何所不容、四正四維、皆可用也、兼輔星之氣入穴、盡善盡美矣、然天元之時、玄空中所求之吉向、多有兼輔星之氣入穴者、自然而然、毫無免強、或有正向收輔星之氣者、或有兼三分而收氣者、或有收不到輔星、而立四吉三吉之向者、能知玄空大卦、遷向隨所指點、皆成妙諦也、人地兼貪與輔同意、

辰戌丑未四山坡、甲庚壬丙葬墳多、若依此理無差謬、清貴聲名天下無、爲官自有起身路、兒孫白屋出登科、八卦不是眞妙

訣、時師休把口中歌、敗絕只因用卦差、何見依卦出高官、山陽水皆眞吉、下後兒孫禍百端、水若朝來須得水、莫貪遠秀好峰巒、審龍若依圖訣、葬官職榮華立可觀、

註解辰戌丑未爲地元、配甲庚壬丙、當是下卦、遷此向、合此體、必淸貴矣、須知在下片之時耳、水若朝來須得水、此水字體用兼言、其玄空卦旺氣到向、世人皆作體看、不知兩片三般用法、體一片氣一片也、要依圖訣而葬、圖者體也、訣者用也、其天上之氣已得、不必貪遠朝秀峯而誤也、

玄機妙訣有因由、向指山峯細細求、趨造安坟依此訣、能令發福出公侯、眞向支山尋祖脉、干神下穴永無憂、寅申巳亥騎龍

走、乙辛丁癸水交流、若有此山并此水、白屋科名發不休、昔日孫鍾阡此穴、從此聲名表萬秋、

註解、體用兼言、寅申巳亥言體、乙辛丁癸言用、寅申己亥龍脉清純、用乙辛丁癸天氣流行之水遷向合此體用、大吉地矣、假使乙辛丁癸騎龍走、寅申巳亥水交流、一樣用法也、須知用寅申巳亥、天氣流行之水耳、支山尋祖脉、言四正之體龍也、干神下穴、言玄空之氣遷向、此節卽天元龍、子癸午丁、卯乙酉辛、相配之意、祖脉者、非正卦、不足以當之也、此三節、卽上文子癸午丁天元宮、地元、人元、三節之意、但上文三節皆言用、此三節則體用兼言、都天寶照

之經文、言體多、而言用少、須知何句言體、何句言用、全憑讀者細心辨之、非深得青囊之秘、何能道其隻字耶、

來龍須看坐正穴、後若空時必有功、州縣官衙爲格局、必然清顯立威雄、范蠡蕭何韓信祖、乙辛丁癸足財豐、亥壬巽龍興祖格、巳丙旺相一般同、寅申巳亥等五吉、乙辛丁癸四位通、紫緋畫錦何榮顯、三牲五鼎受王封、龍回朝祖玄字水、科名榜眼及神童、後空已見前篇訣、穴要窩鉗脈到宮、試看州衙及臺閣、那個靠着後來龍、砂揖水朝爲上格、羅城擁位穴居中、依圖取向無差誤、不是王侯即相公、

註解此節體用兼看、文理奧妙、熟讀青囊天玉、方可看寶

照矣、零神正神之辨、如言氣、寅申巳亥正神、乙辛丁癸零神、如言體、寅申巳亥山為正神、言向、乙辛丁癸為零神、亥壬正神、巳丙零神、零正為時所管、而定之也、蔣註云零神藏在水裏、作用字解之、如天運一動、則正神變零神、而零神又變正神矣、須要活看而細思之、亥壬與祖、言來龍當旺、其巳丙來龍、亦有當旺之時、用法一般同也、此節三才通用、以玄空之氣定向、假使地元當旺之時、則巳丙用法、與人元不同、則巳丙宜向八武上、以清地元之氣也、同是一體、則用法有二、若此體所隔一山向、稍有不合之處、則又不能用也、為借庫、為剝官星、免強用之、則有害矣、此篇放開而論、則下文言八卦只有一卦通、教人要知玄空卦、即可合得天心造化、二十四山隨便立向、造化在手、則山龍可見之體、人人皆見、而空中不可見之向、人不知也、當用之時、我用之、不當用之時、我棄之、橫行天下之神仙矣、

天機妙訣本不同、八卦只有一卦通、乾坤艮巽躔何位、乙辛丁癸落何宮、甲庚壬丙來何地、星辰流轉要相逢、莫把天罡稱妙訣、錯將八卦作先宗、乾坤艮巽出官貴、乙辛丁癸田庄位、甲庚壬丙最爲榮、下後兒孫出神童、未審何山消此水、合得天心造化工、

註解八卦只有一卦通、三般卦爲天運所管、其有一卦通

者、看甲庚壬丙所纏何位耳、其纏位落宮、要在天心處所求出之一卦、爲一卦通也、由一卦推出者、爲挨星也、此處玄空大卦流行之氣、精細熟思、此氣在八卦之上、川流不息、非將八卦呆配、乃爲錯也、此訣父子不傳、待有緣者也、

五星一訣非眞術、城門一訣最爲良、識得五星城門訣、立宅安坟定吉昌、堪笑庸愚多慕此、忘將卦例定陰陽、不向龍身覰出脉、又從砂水斷災祥、筠松寶照眞秘訣、父子雖親不肯說、若人得遇是前緣、天下橫行陸地仙、

註解玄空卦千言萬語、五星配城門掌訣、即五星配出九星名、天下任橫行之意、父子雖親、尙不肯說、無怪世人求

師之難也、玄空卦一訣、在掌中推出、看地之體、合天之用、要以賓主爲重、砂水在所輕也、予洩漏一點者、五行與九星並用、論空中之生尅也、然其纏位一訣、乃又一法、要在三般卦上細心思之、特誌於此、以待有緣者、死心自悟也、

世人只愛週廻好、不知水亂山顚倒、時師但云講八卦、却把陰陽分兩下、陰山只用陽水朝、陰水只用陽山收、俗夫不識天機妙、自把山龍錯顚倒、胡行亂作害世人、福未到時禍先到、

註解陰陽兩片時刻不離、俗夫分開、則顚倒錯亂矣、水亂山顚倒言玄空卦之法、世人不知也、時師不知玄空之妙、在八卦之中呆配、陰自爲陰、陽自爲陽、則不能交媾也、

漢口武漢印書館印

陽若無陰定不成、陰若無陽定不生、陽水陰山相配合、兒孫天府早登名、

註解承上文陰陽不能分兩下之義、楊公著書、其金針玉線、一絲不漏、有如此者、陰陽相配、即零正相配、體用合則有四、爲四極、變則有八、爲八卦也、

都天大卦總陰陽、翫水觀山有主張、能知山情與水意、配合方可論陰陽、

註解山情水意、言體用相合者、都天大卦、即玄空卦也、知此卦之法、翫水觀山有主張、胸中則有把握也、

都天寶照無人得、逢山踏路尋龍脈、前頭走到五里山、遇着賓

主相交接、欲求富貴頃時來、記取鎔松眞妙訣、

註解賓水主山、用得合法、由中五而相交接者是也、玄空卦以時爲重、以向爲重、此一賓字、最玄妙也、上文天玉經、接得方奇特、同此義也、楊公反覆言之、領畧者少也、

天有三奇地六儀、天有九星地九宮、十二地支天干十、干屬陽兮支屬陰、時師專論這般訣、誤盡閻浮世上人、陰陽動靜如明得、配合生生妙處尋、

註解天有三奇者、天地人也、地有六儀者、即卦上之六爻也、配天元三卦、地元二卦、人元一卦、 卦六爻、六六三十六爻爲三十六宮、都是春也、天上有九星、地下有九宮、以

四極推算、該配四個九星、豈不是四九三十六也、能可配九星九宮動靜、爲生生妙處尋也、干屬陽、支屬陰、乃是呆配、非玄空卦之陰陽也、誤盡世人、可勝浩歎矣、

尋得眞龍龍虎飛、水城屈曲抱身歸、前朝旗鼓馬相應、下後離鄉着紫衣、

註解言體龍虎雖飛、有水相抱、其爲大地必矣、地體龍虎雖飛、應在離鄉發福、要看前朝旗鼓、有眞地者是也、

乙字水纏在穴前、下砂收鎖穴天然、當中九曲來朝穴、悠揚瀦蓄斗量錢、兩畔朝歸穴後歇、定然龍在水中蟠、若有聲爲數錢水、催官上馬御街前、

註解數錢水言用、乙字水在穴前、下沙自然包裹、當中明堂要寬者、方的、再以數錢水之氣、爲用、大發地也、其兩畔朝歸穴後歇、言平洋龍、後空不忌、有田、有水、均吉、前面定有龍穴、在水中也、並非水中結穴、須知近水之處者是也、

安墳最要看中陽、寬抱明堂水聚囊、出夾結成玄字樣、朝來鸞鳳舞呈祥、外陽趕眼人皆見、乙字彎身玉帶長、更有內陽坐穴法、神機出處覓仙方、

註解內陽者、言用、外陽之體、人皆可見、內陽坐穴之玄空卦、人不知也、其穴之中陽、而爲中宮、左右前後、皆要過細斟酌、明堂要水聚如囊、出夾要彎曲而去、則有情也、

水直朝來最不祥、一條直是一條鎗、兩條名爲插脇水、三條云是三刑傷、四水射來爲四殺、八水名爲八殺殃、直來反去拖刀殺徒流客死少年亡、時師只說下砂逆、禍來極速怎堪當、塋圳路、街如此樣、極宜遷改免災殃、

註解言體兼言用、平洋龍也、水不宜直朝與射腰、均不相宜、惟水字則有兩義、其八水、要作用看、八卦用錯之故也、

前水來朝又擺頭、淫邪凶惡不知羞、乾流自是名繩索、自縊因公敗可憂、

註解此節言體砂水擺頭、最不相宜、又易出卦其乾流之水、漲水則有之、退水之時、則無也、

左邊水反長房死、右邊水射小兒亡、水直若然當面射、中子離鄉死道旁、東西南北水射腰、房房橫死絕根苗、貪淫男女風聲惡、曲背駝腰家寂寥、

註解配法長房一四七、中房二五八、三房三六九也、其水反、則不論山龍平洋龍、均忌之也、

左邊水反長房死、離鄉忤逆皆因此、右邊水反小兒殤、風吹婦女隨人走、當面水反中男當斷定、二房有損傷、左右中反房房絕、切忌墳塋遭此刼、

註解蔣公云、公位之分、不可盡拘耳、當活看、不可盡拘、要以天星配房分、亦有長房配三六九之時、當活看、不可死

看也、其水反、在穴中所見者、最忌、

一水裹頭名斷城、下之雖發未爲榮兒孫久後房房絕、水到砂收反主興、

註解三句言體、其下一句言用也、穴前太偪者、爲裹頭水、不割唇脚者、收到天運、免強可用也、

茶槽之水實堪憂、莫作蔭龍一例求、穴前太偪割唇脚、不見榮兮反見愁、

註解承上文、裹頭水、言天氣當旺、倘可用之、若穴前太偪者、雖當旺、不可用也、左右太偪爲茶槽水也、

玄武擺頭有多般、未可慳然執一端、或斜或側或正出、須憑直

節對堂安、擺頭直出是分龍、須取何家龍脉蹤、大山出脈分三訣、未許專將一路窮、

註解出脉分天地人三訣、玄武爲來龍、若擺頭最易出卦、不出卦者、爲大地、要細察之、其龍不擺頭、不爲活龍、要擺頭出去者、再起頂仍在本卦之內、爲不出卦、若擺頭出去不起星辰者、或出卦而起頂者、皆不可用也、

家家墳宅後高懸、太陽不照太陰偏、必主其家多寂寞、男孤女寡實堪憐、

註解言平洋不拘後高、平洋龍在向、後空不忌也、平洋以賓爲龍、學地理者、切不可太拘平洋以空、則有氣也、

貪武輔弼巨門龍、方可登山細認蹤、水去山朝皆有地、不離五吉在其中、

註解言平洋、金水土可用、天下軍州總住空、一節、上文詳言之矣、此處加一木一土也、平洋龍、要落平地近水者是也、其水去假借之詞、言水去之處、最低之地、四山皆無靠處也、山朝前高後低之處也、而皆有地、在其中也、平洋不忌後空、前高、學者不可太拘巒頭、言山龍者多、世人誤在此處之害、不淺也、然不離五吉在其中之句、言用要明空一片、之玄空卦者、方能知之、不足爲拘於有形之實一片者道也、世皆茫然、可勝浩歎矣、

破綠廉文凶惡龍、世人墳宅莫相逢、若然誤作陰陽宅、縱有奇峯到底凶、

註解此四龍平洋不可用、破者石也、綠者山也、廉者山也、兼水中之尖形大體也、文者水也、然遷穴之處、近水又要避水學問點穴之道、全在此也、

本山來龍立本向、反吟伏吟禍難當、自縊離鄉蛇虎害、作賊充軍上法塲、明得三星五吉向、轉禍爲祥大吉昌、

註解指八卦納甲山龍可用、平洋不可用矣、即三合家云、三煞不可坐之意、明得金水土三吉者、是天氣流行之金水土三吉、即金水月相逢之意、即天地人之意也、切莫誤

漢口武漢印書館印

看有形之地矣、本元旺氣到山、爲反吟、要用玄空卦避之、是以氣以時之用、而避之也、

龍眞穴正、誤立向陰陽差錯、悔吝生、幾爲奔走赴朝廷、纔到朝廷帝恕形、緣師不曉龍何向、墳頭下了剝官星、

註解不明玄空之錯、不知地體之錯、總要體用之相合、不可大意也、體用稍有不合之處、爲剝官、用不合體、亦爲剝官也、前後左右不合、亦爲剝官、其不明玄空卦者、用事則不免也、鮮有不害人者矣、

尋龍過氣尋三節、父母宗枝要分別、孟山須要孟山連、仲山須要仲山接、干奇支耦細推詳、節節照定何脉眞、若是陽差與陰

錯、縱吉星辰發不長、一節吉龍一代發、如逢雜亂便參商、

註解看體有如此之難、用者尤其難矣、尋龍要分孟仲季者、即教人分天地人干支陰陽、亦要細分辨之也、

先識龍脉認祖宗、蜂腰鶴膝是眞蹤、要知吉地行龍止、兩水相交夾一龍、夫婦同行脉路明、須認劉郎別處尋、平洋大水雖小水、不用砂關發福久、水口石似人物形、定出擎天調鼎臣、

註解認祖宗者、要認發脉祖山、屬何星體、再看過脉止處、平洋近水為用、不用砂關亦吉、其脉路明者、則不結穴、必要龍到止處、方可結穴、龍行不止、或十里八里、則結穴所以要在別處、而尋之也、

龍若直來不帶關、支兼干出是福山、立得吉向無差誤、催祿催官指日間、

註解無關而來之龍、在四維而出也、直來龍支兼干出、是乾坤艮巽之干龍、細看羅經察之、其子午卯酉之支龍、兼干而出、則爲兼乙辛丁癸干、而出是也、同屬一卦、故言福山、爲父母兼子息而出、其四維之支龍、在兩傍而爲子息兼乾坤艮巽、中爻而出、爲子息、兼父母也、來龍雖是子息、其出脉而爲父母、力大氣足之故、若用玄空卦立得吉向、催祿催官、在指日之間矣、

乾坤艮巽脉過四、節節同行不混淆、向對甲庚壬丙水、兒孫裂

土更分茅、仲山過脉不帶關、三節山水同到前、斷定三代出官貴、古人準驗無虛言、

註解乾坤艮巽、配甲庚壬丙爲夫婦、三節者、龍發三代也、乾坤艮巽之龍、要用甲庚壬丙之氣遷向、此水字作氣字解、其仲山言地元之時、其乾坤艮巽爲地元之體、所以不帶關之龍、屬四維卦、要以地元之時遷向、爲體用相合也、

發龍多向支神取、若是干神又不同、支若載干爲夫婦、干若帶支是鬼龍、子癸爲吉壬子凶、三字眞假在其中、乾坤艮巽天然穴、水來當面是眞龍、要識眞龍結眞穴、只在龍脉兩三節、三節不亂是眞龍、有穴定然奇妙絕、千金難買此玄文、福緣遇者毋

輕洩、依圖立向不差分、榮華富貴無休歇、時師不明勉強扦、雖發不久即敗絕、

註解干神不同、又屬一元也、子癸天元、壬甲地元、但此經千言萬語、皆一順一反並用也、若三節不亂之眞龍、被不明天道者扦之、楊公歎息之詞也、干神不同、四隅卦爲干神、故用法不同、子癸壬子、眞假夫婦之分、其水來當面、言四正之氣、來到乾坤艮巽之向上、爲龍來當面也、依圖言體、立向言用、體用咸明、不差分毫、則富貴榮華無休歇之時、爲三元不敗之地而發之最久者也、其勉強扦向者、爲剝官星、其發不久、而且爲官不能近帝、不明玄空之人、用

錯之害、則不可勝道哉、

一個星辰一節龍、龍來長短定枯榮、孟仲季山無雜亂、數產人龍上九重、節數多時富貴久、一代風光一節龍、

註解山龍以山爲節數、水龍以曲折爲節數、以節數之多寡而定榮枯之長短矣、龍以節數最多、最爲貴也、

胡氏曰、當日楊公著書、其上節言體、下節必言用、上節言用、下節必言體、予著補註、註體而言用、註用而言體、文法支離、實有不期然而然者、都天寶照有云、時師但云講八卦、却把陰陽分兩下之句、其陰陽之不能分者有如此、世人切勿泛泛讀過、須要活看而細省察之、蔣註云、得訣者方可看寶照經、予初看寶

照、似覺較青囊天玉稍易、然後知青囊天玉言用、惟寶照、則體用兼言、先賢蔣公已早指明白也、讀是書者、只有蔣註爲眞傳正訣、誠爲不二法門、故敢正告天下後世焉、此書體用兼備、必須細讀、然後再看巒頭所繪之圖、則地理之道、盡在此矣、蔣公天元五歌、山龍平洋陽宅選擇四卷、處處有發洩玄空秘旨、如但辨剛柔內外宜、指兩片而言、干支甲子作天經、指天玉經、要用心細思、渾天寶照候天星、指楊公親口訣、烏兎經、指太陰司權、只有坎離水火氣、指東西南北先後天、水火之氣、處處指點、而讀者忽略、不細心揣摸、章註多未指出精微、有負蔣公苦心、愚意重加補註、獨立門戶、補加揣著巒頭、一并再行出板也、

天元五歌續後

安吳胡仲言氏撰

一元浩氣涵三象混沌初開氣升降蔣公得氣明人道卓立三才不相讓煉陰仙客得此訣萬物皆有一玄妙識得此竅人希少毛庵荒山出者多其姓屬木得氣清一雜他氣即混沌五行即是此中來衰旺生死氣難猜請觀世間名利客發福都在此求來一氣清純爲上格定作高官揚顯名昔日楊公傳此訣此書祇應天上來其之父母是周易應配辨正爲三才世間諸書皆要讀不讀書兮學不求地理僞書亦應讀不讀僞兮識不的僞者之中亦有眞在人眼力去分明予看僞書有一種透地眞傳確是眞張公九儀手著作因駁楊公書難存其書出板清康

熙未見翻板書難覔後賢若見僞中眞切勿輕棄著書名天機皆是書中出留待人間定品評

四氣生尅訣

五行生星尅星爲衰氣、玄空九星尅入爲旺氣、生入爲生氣、無生尅比和者、爲死氣、知得生旺、要避本元旺氣、到山到向、得訣之人、尤宜注意、

引內經考

內經有云、人之一身、一小天地、醒而眼睜、則心在胸中、睡而眼閉、則心在命門、即洛書戴九履一之義、人生天地之間、醒屬陽、睡屬陰、此陰彼陽、此陽彼陰、時時刻刻、有陰陽之分也、

九星論

安吴胡仲言氏撰

坎上高峯天元龍巽兌有峯是眞踪若無高峯要水口認得過峽是眞龍

坤龍出山屬地元去不回頭亦應然但要到穴有水界無水必須大山横

離上起頂配人元逶迤行來易停歇要知三折轉處穴必須卦上定分明

貪狼屬木龍氣淸插天高峯頂要平下嶺貪狼要看脊回頭轉處要有峯此種龍行數十里也有十里可尋踪認得此龍要認穴不作高官定富雄

巨門屬土龍力厚出山行來龍氣雄起頂必須長方式十里八里可追踪面前若無砂與水定不結穴在此中尋到此穴定巨富穴不眞兮總成空

綠存屬土龍氣長斷處多兮起亦多起頂必須頓鼓形此龍配作天星樣此龍行去要回頭龍不回頭穴不的此龍若行百里者不是王侯即相公

文曲屬水龍散漫惟有此龍易興衰此種龍在平洋多小溪小港龍住處識得龍神唇與角最在此處要分明認龍點穴無差悞平洋一水勝千峯

廉貞起祖是火星要看子微玉髓經此龍必須剝換多五行生

尅此龍身此龍行來百十里到穴少祖必火形坐山若非廉作
主爲官定不到三公
武曲金星去行龍先天乾位要高峯曲折行來數十里到穴要
分水木形認龍定穴天機巧方可登山去尋踪識得此龍認得
穴不愧稱爲地師名
破軍行龍是屬金楊公最重此龍身大龍大脉皆此發龍身砂
水夾石行此龍出去難結穴幾經剝換認不眞龍行地中數十
里剝換他星無定名
左輔屬土來龍勇條條直去山不阻若有高山並水界此龍要
生幞頭形太祖少祖俱一樣難憑足力去逵龍其中剝換知多

少認龍立穴要分明
右弼金星無其名天公巧處在其中上文八星皆論妥一雜此
星變化龍因有此龍來夾雜前歌八星莫看眞大龍出山纏護
多全憑眼力定天機惟有此龍難定位只用理氣先天推先天
乾一後離九後天坎一先八坤此星雜在八卦裏千變萬化任
他行也有祿存化巨門也有巨門貪狼行也有貪狼來化此也
有武曲化廉貞也有文曲隨廉化也有破軍化輔行也有輔星
來化此也有廉貞輔破行八星九化七十二難配此中化出名
我今洩破天機秘留待人間作證盟

地球說

安吳胡仲言氏撰

夫地球者、大圓形之大動也、有子午卯酉四正、乾坤艮巽四維、周流六虛、川流不息、年月日時四季、無一息不流行者、有南北之極、無東西之極、雖無東西之極、然有太極之氣在焉、日月之出沒、四時之化機、皆屬東西、名之曰四極、四極者何、南北之極、猶如發電之機、人難到也、南方巽而坤、北方乾而艮、以此定四時之氣機、水火交媾、由南而交北、由北而交南、此爲有極之太極、屬地一片也、東西之極無極、然地外而有不動之應星、應星者何、日月也、日屬火、月屬水、亦水火交媾、由東而至西、由西而至東、此爲無極之太極、屬天一片、夫地由北之氣而交南、即天由東之氣而交西、天由西之氣而交東、即地由南之氣而交北、分開言之、爲四氣也、其東南西北之交、必界乎四維卦上而行、此乃四正之大略也、而四維卦、屬春夏秋冬之門戶道路、巽卦爲春、坤卦爲夏、乾卦爲秋、艮卦爲冬、其巽交離、而乾必交坎矣、故子午卯酉屬陰、乾坤艮巽屬陽、反而言之、乾坤艮巽爲陰、子午卯酉爲陽、以上之四維陰陽門戶、日月之出沒左右相扁、人皆可見、其地之圓形過宮過度、人難知曉、其法雖如此、而不知行幾千萬里、方以此門戶爲轉移、其中奧妙、甚有意味、當盛夏之時、南北有極而動之地球、行到東西日月不動之天位、乘水火之正旺、故天炎熱、其天之日夜長短、乃太陽司權、日長之天、太陽未落、太陰即出地矣、日短之天、太陽落後、始見太陰之出山、其實地之圓球司權耳、當太陽之時多、故日長夜短、値太陽之時少、故日短夜長、其天地之動靜、不能須臾離也、天不動而氣自流、地雖動而山川草木不動、所以聖人配天地人三才、無極而太極化生萬物之氣、終而始、始而終、川流不息、生生化化之機也、然三才者太陽應天在東、太陰應地在西、地球應人居中、人居地中、而人爲萬物之靈、人爲動物、故地球動之天地本不動也、日月水火之氣、而使地球動之、地球不得日月之氣而不能動也、要知地球東半球西半球、眞知玄空心法之境矣、我日居於東半球、則夜間我到西半球矣、我夜居於西半球則日間我到東半球矣、地球日夜一轉、水火二氣使之然也、夫日出之於東、歸之於西、而月亦出之於東、歸之於西、居東半球者則不知月在西、居西半球者、則不知日在東、我到東半球、見日月出之於東、我到西半球、亦見日月出之於東、則皆東也、其實兩片陰陽上下之分、而世人何由得而知之者乎、我有浪洩天機之懼矣、而三才卓立天地之間、皆有老時、先以人元言之、而人懷胎、只有十月、取人生於寅之義、得氣最厚、週流花甲之氣、應當老死之時、天之懷胎、一千二百六十年、屬子時、地之懷胎一千二百六十年、屬丑時、乾坤之策二千五百二十、則生天地耳、所以天地老死之時、當是一萬二千六百年、取人生於寅之義、

而天地人皆在寅時所有耳、大而天日地月人球、細而萬物、莫不由乾坤之氣使然乎哉、

詩曰

八卦基礎在地球天機妙玄此中搜天若動時無世界地球全憑天氣流日月火火氣之根兩個無極兩個有二十八宿輔日月身不動兮氣自流地可測兮天難測中外無人能推求我今敢定天不動天若動時氣不留日月水火天中象念八星辰氣內蓄此從大易推演出不究易理難講求胡氏曰予編輯此書文法粗俗且有讀不成文免強塞責成句者蓋由才力淺薄行文層次難於貫通重理輕文在所不免予寄跡闤闠日謀衣食

漢口武漢印書館印

而未遑苦無餘暇伏案握管幸賴市塲習慣以建寅月爲休息之期故盡一月辛勤趕速付梓未免潦草成篇所望　識者諒之民國丙寅年日月會於降婁之次夢仙山人自誌於後予得訣之後夢神人指示醒吾二字故以夢仙爲號焉

天日地月不動之說

聖經有言、譬如北辰、居其所而衆星共之、朱註、北辰北極、天之樞也、居其所不動也、地理之道、要在聖經書上求之、方可升堂入室、又云如日之升、如月之恒、泰西人稱、太陽爲恒星、中國居東半球、言太陰爲恒星、泰西居西半球、言太陽爲恆星、先賢之言、則皆可考也、

陰陽二宅理論

胡氏曰、予自得訣以來、洞察陰陽二宅之理、皆以時爲重也、故始由七元甲子、一千二百六十年、爲天地一週、其次三元一百八十年、又其次三運六十年、三而三之、輪至一千二百六十日、亦爲天地一週也、須要在此處用功夫、庶幾可望升堂入室、如讀隨園先生詩話、有句云、羨他淸絕西溪水、才得冰開便照君、詠梅花而思至於冰、頗合理氣思氣之法、若再得之於師傳口受、地理之道、思過半矣、而各家通書、皆要細讀、豈有知地理者、不知選擇之法耶、假使陽宅而論、長街市面、里巷門向、聞其有修造之時相同者、坐山朝向、亦復相同、然有吉有凶者、有遭回祿者、種種不一、其故何在、蓋進屋之時、時有先後、當時之一卦、關乎禍福之基、實在人自爲之耳、非關天也、有德者、如君子、一舉一動、正氣上通於天、不擇日時而自得、無德者如小人、一舉一動、邪氣下凝於地、雖擇日時而不應、地理之法、經緯萬端、世豈能有其人、可奪天公之巧哉、然其五行生尅吉凶、本乎河洛天地之數定也、天何能定其吉凶、以時定之、有同時同方用事者、有吉凶之分、因一方三向不可不辨也、然法雖如此、全在乎人心之轉移、而人之善惡、會逢其時、其向其吉凶、在人而自取之也、爲善者昌、爲惡者殃、從來德可回天、心地卽是福地矣、予未嘗學問、始終未敢出手、自問才力、尤不如人、何敢妄論是非、

志在忠告當世、行道之師、勿以予言爲河漢、並深望世之人、知所警惕焉、

陰宅點穴天心相氣觀體之圖

點穴之法、十字爲主、前後左右、皆要照應、二十四山品配二十四龍、有南來者、有北來者、有東來者、有西來者、有維來者、種種不一、全憑心法、假如乙辛丁癸、地體之龍、必要實片之氣所止、再以空片爲用、棄取由此分焉、

青囊內傳星巒理氣 即海角經又名三字青囊

天德純、數迺遁、理順逆、萬機神、六甲運、五賦行、法五子、遁八門、布雷使、察金精、御五氣、攝九靈、鋤叛逆、超神英、方尖圓、動直行、峙透迤、流平停、四望歸、八方層、審向背、察內神、避幽暗、迎陽明、管三卦、一卦通、關天地、定雌雄、雙雙起、在元空、審卦氣、配九龍、推三吉、合八風、互用窒、分用通、顛顛倒、無呆宮、

此書乃萬物之祖、由天之德、而遁數之行、有順逆之分、用天干之六甲、同地支十二支、之五紀年運、法在手掌之上、而推八卦、察金精之氣、攝九星之靈、來合地上山川、方尖動直、透迤向背之體、以察天上之氣、避幽暗而迎陽明也、要在管三卦一卦通、天地順逆、雙雙玄空卦氣之處、配九龍、即九星、推三吉、即三才、合八風、即八卦、顛倒而用之、通於神明者、其一通字、包羅萬彙矣、世界萬事萬物、皆我之先覺也、然先覺之難、由學問深思、功夫之久、察易理、讀聖經、非專心之至、不可得也、余今竊補此經、使讀者細心玩索、而有無窮之意味焉、

元空秘旨目講禪師著　安吳胡仲言補註

不知變易、但知不易、九星八卦皆空、不識三般、那識兩片、凡屬五行盡錯、顛之倒之、轉禍福於指掌之間、左挨右挨、辯吉凶於毫芒之際、一天星斗、運用正在中央、九曜干支、旋轉由乎北極、

註解教人在空處思想、言八卦皆在空處思氣也、顛之倒之用在手掌之上、左挨右挨、辯吉凶於毫釐之間、一天星斗、在中宮而起、其六十年甲子干支、在北極坎卦而發、不識三般卦爻者、要在九宮亂處而尋到三般之起法、則知兩片用法、其般卦爻之法、必要在天心上細思、北斗所指之處、而爲根基、其卦雖亂、而氣不亂也、思之思之、鬼神通

之、由此北斗之中細思、則可謂正道而馳也、縱橫顛倒之機、隨時變易之理、其樞在北斗也、其不由三般兩片、北斗之氣爲用者、凡屬五行、而盡錯之矣、可不慎哉、

夫婦相逢於道路、却嫌阻隔不通情、兒孫盡在於門庭、猶恐兇頑非孝義、

註解夫婦相逢、言中宮兩片用法、左挨右挨、相見而得其所者、則吉、不得其所者、則凶、此爲道路也、不得其所、爲阻隔之義、若相隔不通情、則兒孫兇頑、不孝不義矣、而兇頑不孝不義、其家豈可久存者乎、

卦爻錯亂、異姓同居、吉凶相併、螟蛉爲嗣、

註解卦爻雜亂、猶與異姓同居、不是一家骨肉、同居一處、則不安也、若有合有不合者、有出卦有不出卦者、則爲吉凶相併、雖不絕嗣、則以螟蛉爲過房子矣、其雜亂之害、爲卦氣不清、爲龍神交戰、豈可斷之以吉、其能以螟蛉爲嗣者、而吉多凶少之故也、

山風値、而泉石膏肓、午酉逢、而江湖花柳、星連奎壁、啟八代之文章、胃入斗牛、積千箱之玉帛、雞交鼠而傾瀉、必犯徒流、雷出地、而相冲、定遭桎梏、

註解艮爲風、爲止、爲土、而巽風爲木、行到土止之處、而尅入也、木乃清貴之神、出山林隱逸之士、或者出清貴之人、

而爲泉石膏肓之意也、午酉逢、而爲火金相尅、則不吉、如三合法、申子辰、鷄叫亂人倫、其午兩片之用、有到子之時、其長生法、而以沐浴爲桃花煞、其十干長生、辛金生子、當令順行、而丑上沐浴爲桃花煞、若照呆法辛金逆行、而亥上是沐浴、不當令則可用之、當令者爲陽、失令者爲陰、不可以呆法、而配之也、其午主氣、而尅賓氣之酉、故爲江湖花柳也、星運奎壁、奎木壁水、客水而來生主木、故爲八代文章、清貴之至也、胃入牛斗、胃爲賓、爲土、牛爲主、爲金、土來生金、定發豪富之人、爲千箱之玉帛也、其一星字、一斗字、文法玄妙、言用星斗之氣、來合、非二十八宿之星宿、斗宿、之解、上文一天星斗、運用正在中央、已詳言之、讀者不能領會其旨、則頗不易解也、鷄交鼠、與午酉逢同義、鷄主而鼠賓、言主去生賓、酉金子水、豈不是金生水耶、故爲傾瀉之不吉也、雷出地、雷爲震、爲木、爲主、地爲坤、爲土、爲賓、主去尅賓、而爲相冲、則不吉也、若照反面看、則經文吉者爲凶、而凶者又變吉也、其玄空之三般兩片、知之者鮮、舉世渺茫、無一知者、哀哉、

火若尅金、兼化木、數經回祿之災、土能制水、復生金、定主田庄之富、木見火而生聰明奇士、火見土而出愚鈍頑夫、無室家之相依、奔走於東西道路、鮮姻緣之作合、寄食於南北人家、

註解火若尅金兼化木其主火尅賓金則不吉兼雜木氣或行到木氣之時定遭回祿之災也土能制水復生金土賓尅主水則吉又化雜氣生金或行到金氣之時定主田庄之富也其木賓生主火則出聰明奇士火賓生主土但火土性燥卽發鉅富定出愚鈍之人無夫婦之相依無姻緣之作合爲假夫婦定然奔走道路寄食人家其不吉之謂也其不合體用賓主之氣者皆爲假夫婦也

男女多情無媒妁而爲私合陰陽相見遇寃讎則反無情惟正配而一交有夢蘭之兆得干神之雙至多折桂之英

註解雜氣夫婦爲私合也正氣夫婦爲相見若雜他氣爲

遇寃讎、均皆不吉、若正配夫婦、不雜他氣、定有夢蘭之兆、
再得外賓之干神相生、而且多生貴子、大吉之山向也、
陰神滿地成羣、紅粉塲中快活、火曜聯珠相遇、靑雲路上逍遙、
非類相從、家多淫亂、姻親相合、世出賢良、

註解陰神一片、不得陽氣相配、如有支而無干、爲江湖花柳、火曜爲陽氣、若聯珠來相配合、則凶而變吉、如靑雲路上、之逍遙也、非類相從、爲假夫婦、爲出卦、雜氣也、則多淫亂、姻親相合、爲賓主相投、爲眞夫婦、而世出賢良矣、

負棟入南離、屹見廳堂再煥、驅車朝北闕、時聞丹詔頻來、全無生氣入門、糧蹇一宿、會有旺神到穴、富積千箱、

註解負作排解挨木氣之賓、加於離火之止處、爲廳堂再煥之吉也、車作金解挨金氣之賓、加於坎水之止處、爲丹詔頻來之吉也、全無生氣入門、爲玄空死氣之方、則有絕糧之患、若有旺神到穴、爲我居於衰敗、受外來之氣生我、爲賓來生主、則定富積千箱之吉也、

相尅而有相濟之功、先天之乾坤大定、相生而有相凌之害、後天之金水交併、

註解相尅而相濟、爲先天水火不相射、乾坤大定、爲先後天陰陽兩片、而共用之、相生而相凌、爲獨用後天卦之金水相生、則不吉也、所以體用咸明者此也、

木傷土而金位重重禍須有救、火制金而水神疊疊災亦能禳、

土涸水而木旺無妨、金代木而火熒無忌、

註解此節言生尅制化之理、體用兼看、土被木尅而金救、金被火尅而水制、水被土尅而木制、木被金尅而火制、必要用玄空來合天氣之流行、何砂得何五行、何水得何五行、制化得宜則吉、稍有不合、則爲剝官矣、所以先賢有詩云、先識穿山虎、方行透地龍、渾天開寶鏡、金水月相逢、其寶鏡猶鏡照、而定制化也、

忌神旺、而制神衰、乃入室以操戈、吉神衰而凶神旺、直開門而揖盜、

註解尅我者爲忌神、尅忌神者爲制神、而救我之神衰弱、必主家不和也、當旺爲吉神、其衰者、不旺也、而凶神當旺、爲開門而揖盜也、其吉神凶神之分、本無有吉本無有凶、而我門向所值之神、以定生尅吉凶、要在此處之分辯也、

重重尅入立見死亡、位位生來、連添喜氣、不尅我而尅我同類、多鰥寡孤獨之人、不生我而生我家人、出俊秀聰明之士、

註解重重尅入、而無制者、則立見死亡、位位生來、而外賓來投者、則連添喜氣、不尅我則不凶、而尅我同類、原我一氣之卦、而尅我一氣之同類、我雖不害、則我子息之受害、故出孤獨之人、不生我、則不吉、而生我一家之人、原在本

卦、同是一氣、故出聰明之士、所云位位重重、均指門方山向當時之氣而言、若星移斗轉、則又當別論也、

爲父所尅、男不招兒、爲母所傷、女難得嗣、後人不肖、因生方之反背無情、賢嗣承宗、緣生位之端方朝揖、

註解爲父母所尅者、父母之氣來尅我、定不生兒女也、生氣之方反背、不向我則不得氣、或砂、或向、或水、一樣看法、故定出不肖之人、若生氣之方朝揖端方有情、定出賢嗣後輩、此即因形察氣、因氣求形、而推休咎、一毫不爽、以賓主而用卦爻、眞千古不易之法門也、

我尅彼、而竟遭其辱、爲財帛以喪身、我生之、而反受其殃、因產

難而致死、
註解我尅彼、爲主尅賓、定爲財帛喪身、我生之、爲主生賓、而洩我氣、定因產難而死、若兌卦之氣、則斷吐血而亡、其形氣乖戾、不止一種斷法、在乎臨時看卦爻、而定輕重也、
腹多水而膨脹、足見金而蹣跚、巽宮水路纏乾、主有弔樑之厄、兌位明堂破震、定生吐血之災、風行地而硬直難當、室有欺姑之婦、火燒天而張牙相鬪、家生罵父之兒、
註解坤爲腹、爲土、爲主、而尅賓水、則得膨脹之病、震爲足、爲木、爲賓、而被主金相尅、則遭足跛之殘、巽爲風、爲木、爲賓、氣行金止之處、主來尅賓、纏乾、而乾爲首、故有弔樑之

厄、兌為金為主為口、而尅震賓之木、定生吐血之災、風行地、而硬直難當、巽為風為長女為木、言氣硬直、雖得巽卦旺氣、則有欺姑之婦也、火燒天、則陽盛而無制、雖得離卦旺氣、則生罵父之兒也、乾為天為父為金為主、離為目為火為賓、然而賓主雖合、不為盡善、其離為中女屬陰、則當斷女罵父、以其火燒天之義、而離卦當令、則變為陽、故斷罵父之兒也、此中千變萬化、全憑心理變化而斷之可也、

兩局相關、必生孿子、孤龍單結、定有獨夫、

註解兩局相關、謂賓主相合、山旺向旺、即依得四神為第一之義、必生雙胎之子、大吉大利之山向、而盡善盡美之

謂、孤龍單結、指地體而言、無護砂之龍、定出獨夫、若得旺氣之向、則出神仙僧道高尚之人也、

坎宮高塞而耳聾、離位傷殘而目瞎、兌缺陷、而唇亡齒寒、艮破碎、而筋枯臂折、山地被風吹、還生風疾、雷風因金死、定被刀兵、

註解坎爲耳高塞故耳聾、離爲目傷殘故目瞎、兌爲口缺陷而唇亡齒寒、艮爲手破碎故臂折、艮山坤地屬土而被巽風之主木尅、故斷風疾、震雷屬木、而被金主之尅、故遭刀兵之災、此節以卦理取象而斷事、其中變化無窮、全憑心理變化、以時而定吉凶、之判斷也、

家有少亡、只爲沖殘子息、卦庭無耆老、都應攻破父母爻、

註解家有少亡者、子息卦冲殘、不合玄空之故、庭無耆老、父母卦爻受尅、亦是不合玄空之故、言不爲盡善、得子息氣、失父母氣、得父母氣、失子息氣、不能向水同歸一路、不能父母子息一路而行之害也、通篇斷驗、要明玄空卦爻之氣、易理抽爻換象、體用咸明之八字、方可斷驗如神之見也、得此失彼之害、得訣者、加意愼重爲要、

漏道在坎宮、遺精泄血、破軍居巽位、顚病風狂、開口筆、插於離方、必落孫山之外、離鄉砂、飛於艮位、定亡驛路之中、

註解漏道在坎宮言體也、其坎爲腎主遺精泄血之病、破軍之位、被巽氣而居主顚病風狂、離方開口火星之煞、破

漢口武漢印書館印

碎必無功名之望、離鄉砂飛於艮位、而艮爲山、定主死於荒郊道路之中、觀砂相氣之法、以穴中爲主、而定各方吉凶之斷驗、神而明之、神乎其人矣、

金水多情貪花戀柳、木金相反背義亡恩、震庚會局、文臣而兼武將之權、丁丙朝乾、貴客而有耆耄之壽、天市合丙坤、富堪敵國、離壬會子癸、喜產多男、

註解金水多情、言陰氣一片、不得玄空之陽氣相合、故貪花戀柳也、木金相反、言金主木賓、不合玄機之氣、則背義亡恩也、震庚會局、震爲天祿、庚號武爵、震主庚賓、玄空相會、但尅入庚金、旺氣稍有煞伐之氣、故出文武全才之人、

丁丙朝乾、而爲賓來朝主、則謂貴客相朝、乾爲老父、定出高壽之人、天市之氣、屬震卦、而丙坤爲火、土得震木之賓、相生相剋來朝、故爲富堪敵國、離壬會于癸、而水火交媾、壬纏離位、夫婦相合、而子癸化氣相會、故斷喜產多男也、章註天市艮宮錯解、其先天艮宮在乾、天市四正之君、萬物之主、諸般神煞皆來朝我、我豈他朝、其天市二字意義、尚且不能領略、上古日中爲市、其義何如、何得妄配維卦、淆亂聖經、不通之至、如章公者之神之明、世豈多得之賢、猶有不及之過矣、豈其他乎、

四生有合人文旺、四旺無冲田宅饒、丑未換局而出僧尼、震巽

失宮、而生賊丙、南離北坎、位極中天、長庚啟明、交戰四國、健而動、動非佳兆、止而靜、靜罔不宜、富並陶朱、斷是堆金積玉、貴比王謝、總緣喬木扶疎、辛比庚、而辛更精神、甲附乙、而甲益靈秀、癸爲元龍、壬號紫氣、昌盛各有攸司、丙臨文曲、丁近傷官、人財因之耗乏、

註解四生、五行長生之四生、四旺、五行長生之四旺、假借之詞、有合人文必旺、無冲田宅必饒、此言長生之法、用實玄空之氣、其長生當陽爲順、當陰爲逆、不可呆配、而於地理、不無小補、初學活動之處、頗可得力也、丑未換局、皆屬土氣、相纏、則無生化、故出僧尼、震巽失宮、皆屬木氣、則無

生尅制化、故生賊丐、坎離水火之交媾、立極之處在中央、長庚爲太白之宿、得旺氣之光明、而交戰四國、乾爲健、爲陽、純陽而動、無陰相濟、則非佳兆、艮爲止、爲靜、爲主、當止而止、則無不宜、金星氣旺、富並陶朱、木旺當時、王謝之貴、辛當旺時、得庚氣相助、則更精神、甲當旺氣、得乙木相扶、則益靈秀、所謂不出卦之吉、父母子息、一氣淸純之美也、癸號元龍、壬號紫氣、先天陰陽二源之水、吉凶以時而分、丙臨文曲位、而被壬尅、丁近傷官、爲比肩、而無生化、此皆不吉之時、之向、而人財定當因之耗乏之所斷定也、

見綠存瘟癀、必發遇文曲蕩子無歸、値廉貞而火災頻見、逢破

軍、身體多虧、四墓非吉、陽土陰土貴剪裁、四生非凶、卦內卦外由我取、要知禍福因由、妙在天心橐籥、

註解綠存土、震賓爲木、見瘟癀土、賓來尅主、故必發、遇文曲水而被主土之尅、必遭殃、値廉貞又被土主之瘟癀來生、定遭火災、逢破軍主來生賓、則泄氣、身體多虧、四墓非吉、辰戌丑未、雖凶貴剪裁之陰陽用法、而反變吉、四生非凶、假借五行四維長生之詞、若卦氣不清之用錯、而反變凶、此節即以瘟癀爲主星、所以一個排來千百個、莫把星辰錯之義、其主星不可錯也、要知禍福之因由、妙在天心橐籥、其歸重天心之主、玄空妙訣之源、易理難精、奧妙難

悟、眞者奧而難知、僞者學而易曉、此道精微、人皆忽畧舍正道而不馳、以僞訣而當寶、世皆渺茫、我不禁三歎息、而洩天寶於當世、易道深微、何敢狂言、愚者一得之能、盡情發洩此處、學此道者、須要讀易而知變化、則我退避三舍矣、易道乾坤之大、包羅萬象之無窮、止哉、易道之難明耶、

增加秘旨一節

安吳胡仲言氏撰

不識兩儀、那識四氣、兩儀四氣皆空、不識八卦、那識四極、八卦四極有位、先天八卦、陰陽之對待、坎離水火居於東西、後天八卦、洛書之爲用、坎離水火居於南北、河圖爲體、洛書爲用、六甲干支、中男爲始、五運六氣、長男所發、中五立極、兩片乾坤大定、

漢口武漢印書館印

帝車帝宮並帝殿、三皇各有攸司、太陽號天市、東宮不動之位、太陰號少微、恒居西方司權、南北二極、斗星水火、有來有往、四氣行天、則有四季寒暑之分、八門布位、有順有反之兩片、九星行氣、左挨右挨之分途、五星與日月之氣、而爲七政、九星與四氣縱橫、各有立極、九星四氣、則有三十六宮之春、八卦三才、則有二十四方之氣、在天成象、在地成形、上下相須、則爲翻天倒地、而成一體、可謂象形相合、顛之倒之、不出三般之外、左挨右挨、運用正在中央、因形察氣、以推休咎、斷驗吉凶、卦理爲宗、

補述地理學習之法

夫地理之道、此是彼非、莫衷一是、蓋緣不得訣者、各自附會一說、競自樹立、著書立說、甚至講三合家、駁三元之非、宗三元家、駁三合之非、其實皆是不得眞傳者之所致也、其三元三合、皆自河圖洛書之所出、精通易理河洛之秘者、斷不言三元三合、之爲兩家法也、此法自唐以來、當時楊公言之、有一百二十家之多、獨玄空卦眞得河洛之氣所發也、前聖文王著易、周公卜洛、黃石公授赤松子之靑囊經、至晉時郭景純先生、始得其傳、唐時楊曾諸賢、而發明之、此篇千言萬語、無非言玄空大卦之一法、厥後宋明諸賢、間有發明者、而其文顯而隱、使人不易測識、至清初蔣公大鴻先生著辨正、其訣不肯筆之於書、惟張九儀先生畧露一端、言地理一道、出之奇門、非演禽之法、何庸遁來遁去、只要穿山透地之法是也、古詩有云、先識穿山虎、方行透地龍、渾天開寶鏡金水月相逢、此四句詩、乃玄空大卦之精華、前後青龍兩相照之義也、愚今竊取其意、略解數則、其先識穿山虎、言先天卦位、山川內行之體、體中之氣在地下而行之、虎乃動物、故以虎而名之也、方行透地龍、言後天卦位、山川外見之形、草木春榮秋落、空中不可見之氣、氣中之用在上而行之、龍乃動物、故以龍名之也、渾天開寶鏡、言六十年甲子之氣、如鏡臨物、絲毫不爽、以此氣而用事也、金水月相逢、言金水相生、體用相合、日月交會、九星相合、而爲相逢也、猶如鏡之臨物、目之所見、吉凶禍福之分、皆在我掌握之中矣、習此道者、譬如稚子之入學、先宜從三合家之法、習長生水、左到右、右到左、十二支長生、配九星之法、九星掌訣、九宮指白、九宮吊遶、八宮掌訣、即乾六天五禍絕延生之法、納甲、即乾納甲、坤納乙之法、中宮起天心九運廿四山、即乾之策、二百一十有六之挨星、起中星之二十八宿法、小玄空五行、生剋之法、斗首元辰之五行、七元甲子、二十八宿值年管局之法、地母卦變爻之法、當運六十年、起父母順推挨星之法、以及大六壬、文王卦、梅花數、諸法、將理氣、在手中習之爛熟、合乎易理者、進而求之、不合易理者棄之再讀地理所有之書無不盡讀今余之所見者汗牛充棟不可枚計畧舉數種如張子房玉髓經赤雹經朱桃山之搜山記白鶴仙之狐首經魏管之管氏指蒙號詩括晉陶侃之捉脈賦郭璞之錦囊經葬經唐李淳風之地理小卷邱延翰之天機素書胎腹經雪心賦撼龍經疑龍經黃囊經畫筴圖樂道歌一粒粟金剛鑽葬法尋龍記立錐賦黑囊經洞林秘訣吳公口訣何令通之彈子楊固搔穴賦宋廖瑀之入式歌九星穴法撥砂經譚寬之五星葬法譚文之總索秘解金函賦太華經蔡牧堂先生之發微論穴情賦蔣元定之發揮劉謙之囊經張子微玉髓經尋龍經三寶經至寶經神寶經八段錦司馬頭駝達僧問答

寸金賦、一寸金、道德雙談、夾竹梅花、地理指南、賴公催官、心經語錄、玉尺經、四神口訣、披肝露胆經、堪輿管見、人子須知、堪輿一貫、琢玉斧、六經注、沈六圃地學、地理原本、統會大成、孝慈補地理正要、地理纂要、地理鈎元、地理三書、地理四書、地理五經、人天眼目、人天共寶、至寶正宗、叢珠心法、報德肯綮、陰陽捷徑、仙婆集、啖蔗錄、水經、極元記、秘藏千里眼、風水一書、山海經、土牛經、開門放水經、銅函經、玉鏡經、五行經、趨庭經、水龍經、孝思經、頂門針、滾盤珠、尋龍法、行程記、四彈子、五十斷、九宮水法、乾坤法竅、地理錄要、地理全書、地理碎玉、地理大全、地理大成、地理正訣、性理大全、地理問答、曾楊問答、船艙問答、地理不求人、天玉玄珠、天機會元、催官金鑑、理氣三訣、理氣正宗、地理正宗、三才法秘、三元指迷、三元論說、四秘全書、八宅明鏡、相山撮要、洞林爾雅、枕中秘寶、江湖串課、陽宅輯要、陽宅大全、奇門大全、五種龜、六壬大全、六壬金口訣、六壬眎斯、六壬尋源、永吉通書、鰲頭通書、永寧通書、象吉通書、來註周易、陳希夷先生闔闢水法、鄧恭先生知本金鎖秘、張九儀先生透地眞傳、以上各種之書、皆要細讀、合乎易理者、進而習之、不合易理者、讀而棄之、要在此中、逐層逐節細思、所得之進步、自然眼力高明、眞僞立辨、閱遍羣書開慧眼、包羅天地是青囊、終歸之地理辨正一書、再以苦心思索、或者領畧一二、尙未許其得訣也、必要行之於名山巨川、訪之高人隱士、得師友之研究、以待有緣者指點、則青囊萬卷、絲絲入扣矣、若不得遇有緣之人指示、則終身不能知也、然玄空大卦之法、歷來侯王所禁、予今惻然於心、又不能不顯言者、其九宮體龍、配一四七爲天元、二五八爲地元、三六九爲人元、河圖之十、乃作一用、故後天洛書、只有九數也、而空中之玄空卦、聖經已早言之、有云、知止而后有定、定而后能靜、靜而后能安、安而后能慮、慮而后能得、言知止者、即經中內氣止生之意、其爲止也、至玄至妙、有此一止、則無所不止、造化在手、任我橫行天下矣、其知此一止、則能定卦、定卦之後、再用山川之動靜、如知者樂水、仁者樂山、知者動、仁者靜、其靜字作山字而解、由靜之用、再分定兩邊而安、安而後、再斷事之吉凶禍福、之爲慮、由慮而後、分其吉凶趨吉而避凶、此乃爲得也、故邵康節先生詩曰、天根月窟常來往、三十六宮都是春、當先聖之時、通三才之道曰儒、通此道者多、不以地理爲重、迨唐宋以後、人心淺薄、故有地理書之盛行、諸法雜出、淆亂是非、非好學深思不能辨其眞僞、大都講來往者爲眞、譬如雌雄、空實、體用、兩片、零正、父母、上下、高低、動靜、巒頭、理氣也、其有將地理分兩下者可讀而不可宗、往往言體而不言用、言用而不言體、須知用由體立、體由用成、二者不可缺一、如空一片而論、以六甲分兩片、十年爲一才、二十年爲一運、三十年爲一世、兩世又爲三才、而才所管之三卦、至微至妙也、當上三十年之時、爲陽爲正神、則下三十年、爲陰爲零神、當下三十年之時、爲陽爲正神、則上三十年、爲陰爲零神、進而求之、時時刻刻、有零正之分、此零彼正、此正彼零、經曰、明得零神與正神、指日入靑雲、假使明得雌兮與雄兮、明得父兮與母兮、明得動兮與靜兮、明得來兮與往兮、同一義也、而天地本來往二字、來卽往之始、往卽來之源、終而始、始而終、無有休息之時、如水字作氣字解說、當春夏之時、江河之水漲、而來不知其所以來、秋冬之時、江河之水涸、而去不知其所以去、其故何在、要皆天氣使之然也、人能得知其氣、則生者可以善其生、死者可以善其死矣、富貴貧賤、循環無已、其

漢口武漢印書館印

富貴者、多伏禍之基、貧賤者、能造福之本、富貴貧賤、在人自造之也、地理之天心、即人心之心、心爲君主之官、醒屬陽、睡屬陰、其醒者、則心在上焦、睡者、則心在下焦、其中焦者、由八卦中五立極之義、其上行下者、由中宮之所過、其下行上者、亦由中宮之所過也、是故福厚者、心動之時、用事之舉、正合天心之宮度吉氣、福薄者、心動之時、用事之舉、正合天心之宮度凶氣、吉凶在人心之善惡而分、乃在世人而自取之造之也、可不懼哉、夫得此道者、不爲人謀、亦不爲己謀、以待有緣者、指點而已、歷來先賢之得道者、不敢輕謀大地、即得大地、亦不能久發、地理之道、其名曰催官、其後新墳之吉凶、在德之轉移也、世之求地者、莫如種德、聖賢以德而行、傳之子孫、其昌大者遠矣、而堪輿之道、附聖經之末學也哉、蔣公天元五歌云、運遇遷移宅氣改、人家興廢巧相逢、透明此卷天元宅、一到人家識廢興、識透廢興之天機、稱爲先覺、先覺後覺、優劣之所由分、君子憂道不憂貧、古今賢達能安命、則我守之於命、吉凶聽之於天、豈可以術而奪天公之巧、以遭造物之忌者乎、時在民國丙寅三月胡氏仲言補述、

蔣公盤銘

俯察之理、本乎洛書、父母六子、範十二支、三爻成象、位參干維、三八品配、道盡無遺、後愚妄作、淆亂日滋、芟邪表正、易簡昭垂、

註解、父母六子在十二支之中、不定之位、當令之支屬父、不當令之支屬母、隨氣轉移、不能配定、其三爻成象、一卦之中、三爻爲一卦之象、有干、有支、有維、品配二十四山、爲道盡在此矣、用法要明、十二支當令爲陽、失令爲陰、以氣爲用、而用法亦盡在此矣、

羅經解

楊公羅經二十四節氣、冬至在坎卦而起、取後天之水火二氣所發、至夏至則上片之氣已盡、下片之氣當令爲陽、其用法、則與上片一樣、趄卦之處、則在離卦也、一年四季、分配春夏上片、秋冬下片、其秋冬當令之時、則春夏已過

時矣、必要配春夏爲下片、所以此陰彼陽、此陽彼陰、隨氣轉移也、其一年太歲所管十二支、以太歲爲父母、十二月爲子息、非可呆配干支爲陰陽、要取當令月建、爲陽爲上片、爲父子、不當令月建、爲陰爲下片、爲母子、父母子息之法在此也、其楊盤以建子爲用、故冬至在坎、蔣公以建寅爲用、故冬至起艮、楊公以子午分兩片、蔣公以寅申分兩片、取人生於寅之義、以配春夏秋冬、辰戌丑未四庫之氣、二公羅經奧妙、知之者鮮、故特註明於此、以待高明正之、

邵子詩解

讀邵子詩云、乾遇巽時觀月窟、地逢雷處見天根之句、乾遇巽

卦之氣、先天南乾、而變下爻☴此爲月窟、地逢震卦之氣、先天坤北、而變下爻☳此爲天根、此二句詩、即陰陽發始相變卦爻也、一卦六爻、三陽三陰、相配之意、所謂乾坤兩片大定、而講理氣者、其六十四卦變化、此陰彼陽、此陽彼陰、必要一卦六爻陰陽相配、此爲陰陽相見、所以天根月窟閑來往、三十六宮都是春、今人有志地理、必宗易理、而不帶幾分仙骨、豈可叩羲皇之門、升青囊之堂、而入楊公之室乎、未易許可也、乾策二百十六坤策百四四、共三百六十爲一年、其爻三百八十四、道盡此也、

天地定位解

天地定位者、天、上地下、尊卑有序之謂、其實明其淸濁二氣而已、夫陽氣輕淸、上浮而屬天、下繞而裏地、而實兆於重濁厚地之中、蓋陽氣爲淸、陰氣爲濁、此二氣不可定之於位、天地轉旋、莫非此一氣爲之耳、有時而淸有時而濁、而人莫之而覺也、如流水然、逝者如斯、不舍晝夜、其靜中有動、動中有靜、川流不息、若靜而不動、動而不靜、安能發生萬物哉、

山澤通氣解

艮爲山、爲土、爲外卦、爲外氣、兌爲澤、爲金、爲內卦、爲內氣、得外來之氣相生、故爲通氣、謂相生之吉也、

雷風相薄解

震爲雷、爲木、爲外卦、爲外氣、巽爲風、爲木、爲內卦、爲內氣、得外來之氣、相爲比和、而無生尅之機、故爲相薄、不可取用、如厚薄之分、取其厚者、棄其薄者、相薄是不吉之謂也、

水火不相射解

坎爲水、爲外卦、爲外氣、離爲火、爲內卦、爲內氣、得外來之氣相尅、而有相濟之功、故爲不相射、謂外氣相尅之吉、所以卦爻有水火既濟之卦、如外卦離、而內卦坎、火水未濟不吉之卦、其卦爻內外二氣、內爲主、外爲賓、用事之處爲主、所向之處爲賓、用事之時爲主、未來之時爲賓、卦斷之法、變化無窮也、

大易卦象說

易經八卦、而變六十四卦、如乾爲天卦、變初爻、則爲天風姤、中爻天山遯、上爻天地否、內卦變盡、連父母卦、豈不是四卦、而爲四象、出於自然之數、再變外卦初爻、則爲風地觀、中爻山地剝、五爻變盡、則爲天數五、地數五、其六爻爲一卦、而爲天地之數所管、則不能變第六爻、然卦又不能不發、故變外卦之下爻、自上而下、又名上爻、變爲火地晉、再變下卦、而爲火天大有、則爲倒地翻天、其八卦九星、各數皆有立極、由一至九、而千萬之數、皆由此處之所發、而所發之數、有數則有卦、無論何數、即有何卦、其何以故、而六十四卦、則變三百八十四卦、以六計之、則變

漢口武漢印書館印

二千三百零四卦、變而又變、則有無窮之數、邵子作卦、將數竟化十數萬卦之多、總不離乎六十四卦之名、輪轉、而爲父母卦、所以卦有卦之父母、爻有爻之父母、其六十四卦之父母是八卦、其三百八十四卦之父母是六十四卦、其二千三百四卦之父母、是三百八十四卦、化而又化、則無止境、其天地甲子之氣、化而爲卦、氣行則卦行、氣止則卦止、當令之時之氣之卦爲止、根基之時之卦亦爲止、必要知其所始、然後則可知其所止、其所始之源、爲太極、爲一數、所以太極生兩儀、兩儀生四象、四象生八卦、五爲天地之數、六數則成一卦、八卦則成四十八局、其先賢立數、楊公七十二子息、發乎易經之數、地理不從數可乎、其六十四卦、卦爻反易、即是賓主主賓之謂、內有乾坤坎離、山雷頤、風澤中孚、雷山小過、澤風大過、八卦不可反易、須知八卦有體、而配坤道、八卦無體、而配乾道、每卦之中、有一卦體、其實只有七卦、以配乾道、天上七星、八卦七星、則有七八五十六之數、七星根基在此、天機在此、愚按以上不可反易、有體坤道之八卦、不可用事、愼用此氣、眞爲黃泉大煞、學者愼之、假如六十四卦反易、如☵☲（水火）（火水）、水火既濟之卦、以離爲主爲山、以坎爲賓爲向、用在此處則吉、若錯用在彼處則凶、而爲火水未濟之卦、似是而非、毫釐千里、學者豈可忽乎哉、其天行氣、如兩儀由太極而生之數、乾坤之策二千五百二十、乾一千二百六十年、爲一子時、坤一千二百六十年、爲一儀、屬丑時、乾之策二百十六、爲一儀、爲二百十六天、坤之策百四十四、爲一儀、爲一百四十四天、兩儀共合三百六十天、爲一年、乾坤之爻、爲三百八十四分、爲一百九十二時、時刻刻皆有兩儀之數、再生四象、其子丑二千五百二十年、則生寅卯辰巳四時、爲四象、至午未二時、是天地對宮、故配午日未月、而又再生申酉戌亥四時、爲四象、其乾坤之策二百十六、百四十四、共三百六十天、爲一年、四季、春夏秋冬、爲四象、其一百九十二爻、則有四個四十八局、亦爲四象也、四象生八卦、應配每卦六爻、一卦可通八卦之氣、爲六八、四十八之局耳、世間萬事萬物、皆不能逃乎大易之數也、夫易之道、即天地之道、乾得三卦、三三得九、故聖人著易言初爻動、而爲上九、坤得二卦、二三得六、言初爻動、而爲初六、變上卦爲上六、以及人元一卦、則不言卦、而在天地之中矣、其不言卦之故、大易之道、只有天地、萬物爲天地之數所管、天數五、地數五、乾三坤二之五數也、內外二卦、而得河圖之十數、其配天干十數、屬乾道之卦、內外二卦、由戊己二干之分、戊爲內卦之末、己爲外卦之初、而爲十數、配天干之義、配地支十二、屬坤道、內外二卦、由巳午二支之分、巳爲內卦之末、午爲外卦之初、其人元一卦、本天地之所生、應配中爻之一卦、故楊公言賓主、即外內二卦之意、其天地數共得九六、分爲兩個四十八局、而四十八局分之、則爲二十四山、其數從一至九、各有立極、如八卦立極、以三計、則爲二十四、以八計、則爲六十四、以七計、則爲五十六、以二計、則爲十六、以六計、則爲四十八、以四計、則爲三十二、以九計、則爲三十六、以一計、則爲太極之數也、如六十四卦立極、推算、相同以上之義、太極一數、天地未分、兩儀則有天地合之則兩分之則有千萬無窮之數、隨處皆有立極、又無定極、如人生於某年、物造於某年、即爲隨處立極之義是也、予曾祖梅坪公、讀易數十年、晚年所著大易觀玩錄二卷、其文簡而賾、深而奧、予欲繼先人之志、增加數則、自慚才力棉薄、精力短少、不知能遂我志否、以聽天命而定、能追隨先賢之後、有此福否耶、所有上文言、三百八十四爻、得二千三百另四爻、數未言盡、若分之、則為一千百五十二、再以二千三百另四爻、以六計之、則為一萬三千八百二十四數、分之則為六千九百十二、為乾道萬物之數也、萬物天道之數在此、再以二千三百另四、以四計之、則為九千二百十六、分之則為四千六百另八、為坤道萬物之數也、萬物坤道之數在此、其數之用、若乾道用九、則坤道用六、若乾道用六、則坤道用四、是故兩篇之策、萬有一千五百二十、配乾六千九百十二、以三分之、則為二千三百另四爻、以二營之、則為四千六百另八、如坤道、四千六百另八、以二分之、則為二千三百另四爻、以三營之則為六千九百十二、其三百八十四爻、聖人言爻之數、乾每爻得九、六爻九數、則爲五十四、爲四象之一也、以四象計之、則爲二百十六也、坤每爻得六、一卦六爻、六六得三十六之數、爲四象之一也、以四象營之、則爲一百四十四也、兩篇之策、三百六十、爲一年之數也、若再推之細數、則爲萬有一千五百二十之數也、天地之數在此、萬物之數在此、如一年三百六十天、每天十二時、計之則爲四千三百二十時、分之則爲乾策二百十六、是五八四十外九數、坤得二卦之用、應配五分之三、而用三分算之、則得一百四十四、乾坤之道、只有五數、而合十、其人元一卦、在天地之中、配人地兩元、共得三卦之用也、數學干支、不窮之道、甚哉難也、豈易知之者乎、

樂道歌

我是丹溪一逸民、不貪浮利與虛名、早年頗喜學書法、安吳四種研究精、學書數載愧無成、改習歧黃又幾春、讀遍方書難自信、敢將醫術誤蒼生、一朝遷命學堪輿、讀遍靑囊百種書、非敢違天求福利、水源木本忍疎虞、忍葬親骸水蟻間、滅宗絕祀慘難言、但求片壤能乾燥、孝子賢孫心始安、讀書不下百餘種、辨正功夫用最深、眼見江湖求食輩、不明玄奧指端尋、有德之人合玄空、不謀而得天眷隆、無德偏與玄空失、求福不得禍且從、玄空三般理難測、北十七星根最深、顚倒宮位人不識、要向天心仔細尋、玄機妙訣有因由、全憑活處動靜求、實處一片山中覔空處一片水上搜、看水思氣功夫久、自然暗處現光明聖經賢傳須勤讀、印證功深理自清、邵子圓圖細講求、精通易理辨源頭、天機皆在書中發、探得驪珠術自優、一辨再辨須三辨、三而三之步步行、般字玄機誰識得、宮位顛倒亂中尋、江東發脈源流遠、江西水短號破軍、江北貪狼癸水發、江南纏位滿天心、生成巧合到人元、倒地翻天屬地元、天元由來易理出、筠松天玉說根源、陰陽順逆本同體、用非顛倒卦不眞、倒地翻天活潑潑、其中奧妙更玄玄、煉丹樂道仙家秘、天寶流傳直到今、此乃玄空眞秘訣、留傳有德有緣人、有人問我眞消息、予居對面是江東、陰陽若能得此訣、白日飛升上九重、

樂道勸善歌

堪輿著述古今多、幾人能得眞仙訣、玄空大卦未精通、妄言禍福都不中、偽術江湖遍地行、動將禍福惑愚人、正道深奧難濟世、舌敝脣焦誰肯聽、萬卷青囊皆弗假、不識玄空莫註經、始作俑者其無後、陷人邪說受天刑、勸人積德勝積金、德可回天確有憑、福善禍淫如影響、一一講說告世人、有人用事壬戌年、乙山辛向結天緣、兼有丁癸同旺相、果能遇合福無邊、亦有同時用事年、偏向坤艮惹禍愆、高人指點迷難悟、滅宗絕祀實堪憐、體用兼全生意榮、從無涼德臥佳城、春雷雨過臨紅日、孝子賢孫瑞氣迎、存心廣積善根源、佇看兒孫福澤綿、適合玄空生旺氣、非關人力實天緣、靑囊萬卷無人識、神仙指點善人前、凡夫不明人善惡、難得天機眞正傳、此道不傳皆因此、代代仙師告戒嚴、有人得此空空訣、遁跡深山換骨仙、

讀胡君地理補註有感

先生濟世具婆心、廿載鑽研理氣淸、爲恐經文難解釋、再將淺語註詳明、繡出鴛鴦異樣精、千絲萬縷費經營、此中巧妙君須記、多少工夫學得成、親骸不葬子心寒、爲覓佳城歲歲難、堪嘆世人惑風水、常將華屋作邱山、浣讀胡君補註經、從今此道有明星、欲尋吉壤須行善、生旺相臨自效靈、

悟空道人拜題

補刊地球說并圖於後

考之元代客卿馬哥博羅游記印度極南不見斗星即見距地僅尺許惜未書年月愚按大概係冬季所見若夏季則不然一交夏季當四正掛南極已行到正西缺不至不見斗星也且記中所謂印度於北黑暗世界云交冬季則不見日如我國之黃昏時候一交夏令則可常見白晝夏當四正到處皆陽因地球圓形無極之太陽與有極之南極火星正照圓徑之中故常不見太陽之地至夏令則定可見但有多寡之分耳其春夏秋冬四季春秋當四維掛夏冬當四正掛文王卦雖有八卦應配日夜之對宮日得四卦日之對宮屬夜亦得四卦巽卦為春九十度之日乾卦亦為春九十度之夜一來一往並行則仍為九十度也離卦為夏以坎為對宮乾卦為秋以巽為對宮坤艮對宮則應配四季之月故屬土也至冬季則歸本位屬坎卦以離為對宮總之春秋則居維卦夏冬則居正卦此來彼往此往彼來一來一往有八則為八九七百二十度若與對宮合算則為四九三百六十度其地球順行故天道合旋此千古不易之法門故帝出乎震齊乎巽相見乎離致役乎坤說言乎兌戰乎乾勞乎坎成言乎艮此言地球所行之軌道也若天道則又在坎乾兌坤離巽震右旋之軌道也一左一右一往一來川流不息其巽卦為春星宿立極之根基在此由巽交離屬地道由巽交震屬天道此蔣公所謂陽脉東南來震旦如人正面向離風其言人者言地球往離而行也愚推算地球滅毀之年在一萬二千六百年合夜計之則為二萬五千二百之數此星宿而定之如此現在甲子箕宿值年屬七元甲子之第七個甲子考之黃帝八年初作甲子正屬箕宿值年其以上有三百六十年未作甲子紀年也蓋自黃帝作甲子至民國十二年得四千六百二十年加未作甲子三百六十年則為四千九百八十年若加十三年箕宿甲子六十年則為五千零四十年係乾坤二千五百二十年兩會之數也若過此六十年交午會則天下大治論西曆至民國癸亥年止作甲子運中國三千零五十七年以黃帝作甲子計算二千六百九十七年現值會未刼其各修之以德或者德可回天以待世人善惡而分為再論先後天八卦之運所以作無極屬先天有極屬後天無極為體有極為用先天八

卦遵天地元、太陽太陰而作、其河圖洛書後天八卦、遵人元、地球而作、其天地人三才之道、即太陽太陰地球之道也、愚遵聖人之書、考之大易之理、其所有心得、貢諸當世博雅君子之前公同研究、以匡不逮、是則予之志焉、民國十五年歲次丙寅十月安吳胡仲言自誌於後

地球軌道輪轉之圖

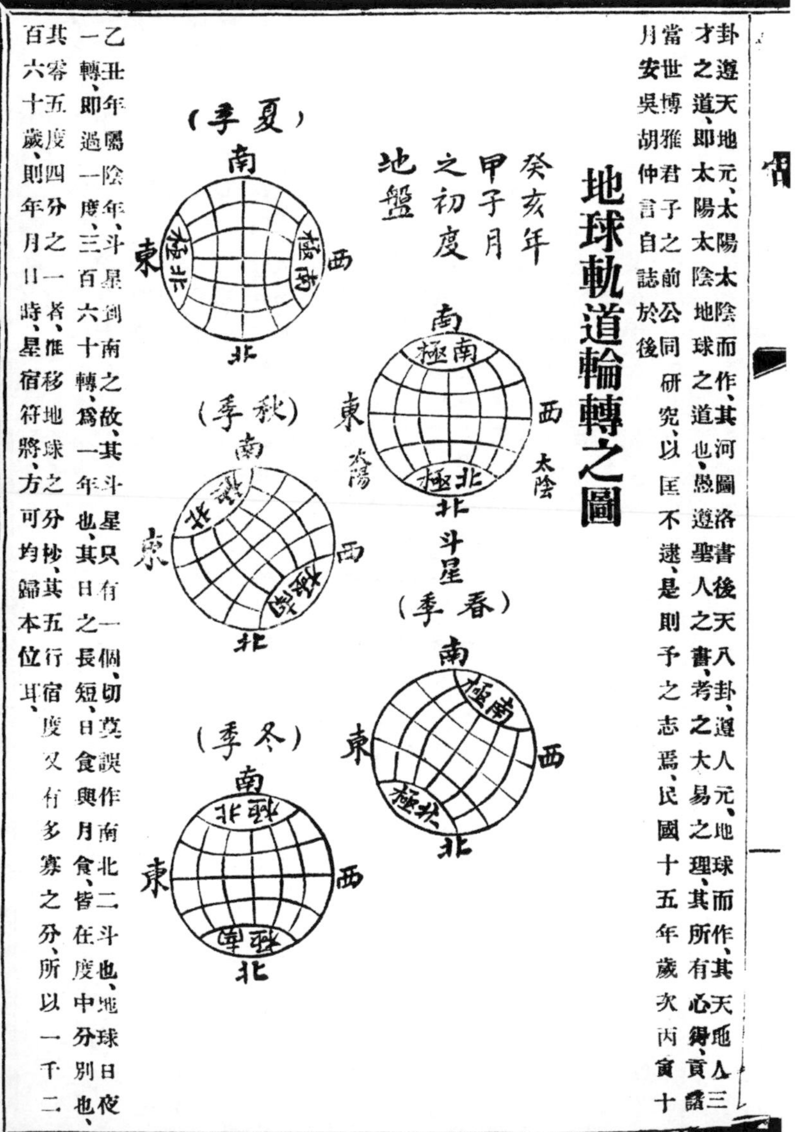

乙丑年屬陰年、斗星到南之故、其斗星只有一個、切莫誤作南北二斗也、地球日夜一轉、即過一度、三百六十轉、爲一年也、其日之長短、日食與月食、皆在度中分別也、其零五度四分之一者、推移地球之分秒、其五行宿度又有多寡之分、所以一千二百六十歲、則年月日時、星宿符脟、方可均歸本位耳、

若能兼者則兼輔星與破軍
星如無此星到左右之位則
不能免强而兼或用一氣清
純之課即天地同流格取獨
面為用或用此斗七星打刼
法如甲子年祿存星當令至
戊午年是武曲星當令豈不
是三二一九八七六此時天
地冲為龍神交戰必須用
事之時先為預妨撑月日時
之中有一地元未或有一地
元來合交戰之龍神為正
神裝在山上零神裝在水裏

昔時以祿存為凶星是不明玄空者道之若為主星之時在震山適外來震氣賓而反變吉若震卦為主星而來祿存之賓氣則不吉故必遭瘟癀之災其遇文曲之時非震卦之主而讓祿存為主也故不吉設以震木為主遇文曲之水生何以言蕩子之無歸所以卦氣交媾之後即讓位地理正宗有訣其卦有吉卦凶卦之交媾故此吉彼凶此凶彼吉剪裁得法為吉不得法為凶也必須分清主賓二氣本山本向主賓天卦也在掌而尋有體山向主賓地卦也在地而看有體則有用要天地之相合或乾山乾向之類或一山之吉得令星生入為失水乾龍皆可用之知此則青囊三卷條條入扣矣今特將震卦為主之一處一體一山而論有二氣前後同行前主後賓詳為註明茲將本文正解四句指出一句係震主祿賓交媾不吉氣之始也二句是祿存在震山為主遇文曲賓不吉三句是文曲主遇廉貞賓亦不吉所言火災頻見是震山闗係待文曲水主退交廉貞為主氣在震之木山司權故見火災也四句是廉貞主逢破軍賓氣火去尅金故不吉耳此書錯一卦而論更進一層八卦而論第一祿存氣到震不吉第二文曲水到震賓來[illegible]

或用九星之中有一來合六
或有八來合三用事將此五
零兩氣收入以妨將來之煞
轉凶為吉其發更速以上謂
氣得之星要用零神來合叔
星其冲取樂宮謂當時所收
退氣星用劫星之年收有氣
之星重修此處冲囚來合旺
氣訣謂無價寶此最上一層
之作用也此篇玄空氣之精
髓書中處處有發明之處讀
者洗心求悟自然柳暗花明
頭頭是道矣

巽木大吉即祿存到震之時乾巽之吉向也若文曲為主之一片來巽氣寅頭文不吉也第三層貪火到離同火氣不吉若彌星為主氣在離則火來尅金為煞入之吉也三四五五四三三二一一二三六五四四五六七八九九八七氣西氣有一定之氣用無一定之用以氣為主者也再論四句破軍金氣此片在坤彼片在兌到此轉移所以言四墓非吉要會用氣剪裁亦有吉向四生非凶可出地卦兼向任我所取即陰陽兩片之意通篇所重在此其九氣之中五黃與彌星皆變化多端為八卦九星之樞紐也懸着地球說時刻在動其氣使之然也氣者即春夏秋冬年月日時甲子之干支耳此書解說頗費周折無常者似乎有常無恆者似乎有恒以氣而定之也如地球一轉之十二時有時此吉彼凶有時此凶彼吉皆歸之運小運太歲四季年月日時之所管耳戊辰六月夢仙補刊其天元兼輔入地兼貪如三運遇乙山辛向收到廉貞進氣之星必須兼卯酉三分貪狼進氣到位為人地兼貪二運如巳山亥向收到貪狼進氣之星必須兼丙壬三分武曲進氣到位因此時武曲星在壬地卦出天卦不出也如收到綠存山向之時地卦左

天尊地卑、言天在上而行、地在下而行、此天地兩氣、有陽有陰也、陽奇陰耦、天屬奇數、地屬陰[illegible]天地二氣之中、時而地中有陽、時而天中有陰、取此奇耦之數而用也、一六共宗、一奇數、六耦數、以時而取一奇數、到地中之陽、收天上之耦數、六陰來配合、此時此山、爲收到玄空卦氣也、二七同道、二耦數、七奇數、以時而取七奇數、到地中之陽、收天上之耦數、二陰來配合是也、三八爲朋、三奇數、八耦數、以時而收到地中之三氣、倘外來天中之八氣、此時不可用之、朋同類也、同屬土氣、玄空中不取也、待過一宮之時、地中收到四耦之氣、則收天中之八數、耦氣來配合、亦可用之、爲山水蒙卦之氣也、四九爲友、四耦數、九奇數、以時而取四耦數到地中、收天上之九數來配合、亦爲吉卦、其朋不可用、而友可用之、所以聖人言朋字、只言一字、言友字、則言損者三友、益者三友也、五十同途、五奇數、十亦奇數、故言同途、以時而取五奇數、到地中之陽、收天上一奇數來配合、亦爲吉卦也、卦有順反之分、先收地卦、再收天卦、配合得法爲吉、不得法爲凶也、如有一處、地卦之氣收到一、外來天上氣五數、爲反卦耳、吉在彼、不吉在我也、闔闢奇耦、言天地之數、有闔有闢、有奇有耦、有吉有凶也、五兆生成、言五行生成之法、用法則要五行、及生成之數、兼而用之、則知吉凶之分也、流行終始、此氣流行在八卦之上、終而始、始而終也、八體宏布、言八卦布氣也、子母分施、言氣有大小之分也、天地定位、言以天地、而定八卦之位、所以用先天乾一而起卦、爲玄空卦也、上元甲子起先天坤卦、即後天坎卦而起也、山澤通氣、言卦名也、少男來配少女也、雷風相薄、言震巽二卦、此句同三八爲朋之意、同屬木卦、要以四水氣來配震卦、以震卦之氣、來配三土氣爲用也、水火不相射、爲水火既濟之卦、外水來配內火、而有濟、如外火內水、則未濟也、要看文王卦之內外卦、則知玄微也、中五立極、以中宮起卦之用也、臨制四方、以中宮飛卦、而布四方也、背一面九、言坐在坤卦、向在乾卦之氣、爲天地之始氣也、三七居旁、言三在東方、七在西方也、二八四六、言此數在維卦、此言洛書之方位也、縱橫紀綱、言以此氣、左右東西南北四維往來而用之也、陽以相陰、言陽中有陰也、陰以含陽、言陰中有陽也、陽生於陰、言陽在地中之出也、柔生於剛、言陰發於太極之一陽也、陰德宏濟、言陰氣布在八卦之上而用也、陽德順昌、言陽氣在八卦而行、能知卦中之一陽氣者、爲昌也、是故陽本陰、言陽中含陰也陰育陽、言陰中含陽也、天依形、言天依地之形氣、則象見、地附氣、言地附天之氣、則生山川也、此之謂化始、言此篇之化始也、其化從此天地而爲始、以後分天地人、三才、分兩片、東西二卦、分三般卦之法也、此節專指地理一道、而言天上之氣也、其天上之氣、非地理一道而用之也、但此法、專取生我尅我者、之爲吉、如變通而用之、則可得數學之道矣、所以得數學之道者、斷然通地理之道矣、其氣者同也、所以人能得知其氣、則生者可以善其生、死者可以善其死矣、孟子云、我善養吾浩然之氣、其氣之道大矣哉、一部四書、通篇所言者、五行之氣也、其五行之氣、在八卦而行、聖教配出仁義禮智信、勉人學道之法、將心養在仁義禮智信之中、不出範圍者、而稱仁也、亦如楊墨之得知其氣、而用之偏者、不爲正道也、此皆得知其氣之流、而有邪正之分焉、坤壬乙巨門從頭出、言

漢口武漢印書

土星在中宮之立極處而出者是也、起父母五四三二、豈不從頭是而出也、其坤壬乙三星之根源、坤者地卦、者在甲千後、屬地、壬者六十龍之氣、至壬戌入戌方地戶、所以配巨門爲土星耳、其癸配甲木、癸爲後天之陽水、壬戌龍已入戌方地戶、癸在亥上天門而出也、申在地支九數、屬先天乾位之氣、從先天之一氣而出、附於甲木氣上、所以配貪狼爲木星耳、其正神百步始成龍、一節、根源、是成一全龍、如一乾氣、經四位到六、再經父母到三、則三在八數上、以三二一爲一全卦、共十氣、所以言百步也、此時以三二一、爲富貴全龍、共六五四七八九爲水短也、若七八九零神當正之時、則三二一氣、爲水短也、即是不能出卦之意、逢九數則爲一卦、九十天即能爲一卦也、此節追述先聖先賢、四書云、五十步至百步、兩片之義、所以蔣公云、前賢後賢、一般見識、可以心契古人者、能有幾人哉、性理論、天地萬物、發生於五行、木金火水土、而配仁義禮智信、仁屬東方木、義屬西方金、禮屬南方火、智屬北方水、信屬中央土、而爲東西南北中、仁爲正二月、信爲三月、禮爲四五月、信爲六月、義爲七八月、信爲九月、智爲十冬月、信爲臘月、雖分四季、春夏秋冬、而藏信者在焉、所以聖人之書云、人無信不立、無信無土之謂、無土豈可能立耶、昔聖人弟子問仁、曰己欲立而立人、己欲達而達人、至後節言仁、曰恭寬信敏惠、恭者禮也、寬者仁也、信者信也、敏者敏也、惠者義也、其仁義禮智信、則不可偏重、重仁則輕義、重義則輕仁、重禮則輕智、重智則輕禮、此四者不可失一、重信則失此四者之和、信屬中宮、周流仁義禮智之樞紐、所以人而無信、則不知其可也、大車無輗、小車無軏、其何以能行之哉、東仁而首、聖教也、則能立此仁義禮智信五者之中矣、太陽一照、萬物皆見、西義而成、佛教也、西方遵太陰、則天下胎生卵生濕生化生、無不普及矣、遵陽者日、遵陰者夜、子貢言君子之過、如日月之食焉、則聖人己普及東西之教矣、弟子言智、自君數斯辱矣、夫子言智、天下有道則見、無道則隱、其仁則不輕許、弟子專一章而問仁者、皆未答仁、則子路以管仲之賢、而反問之、夫子許曰仁、而天下才難、則管仲己得恭寬信敏惠、豈矜小節而已哉、或忠或孝或謀或勇、皆能知仁、爲日月至焉之仁、而有輕重之分、故未許其得仁耳、仁者天道也、進而行之則稱聖、博施濟衆、之如日月、其仁豈可輕許哉、聖人言匹夫不可奪志、故弟子問志、則以性情而答之也、夫子之使民以時、子貢之億則屢中、道有大小之分也、子路之問仁、異於諸子、子貢而再問之、所以言賜之牆也及肩、窺見室家之好、夫子之牆數仞、不得其門而入、則不見宗廟之美、百官之富、夫子之道、一以貫之、如日月也、由賢而學、學而立、立而仁、仁而聖者矣、其仁不可輕許、其聖豈可輕語哉、道不遠人、人自遠爾、則講理氣之人、未熟讀聖賢之書所能通者、則我未之見也、予何敢妄言聖經、言道取譬、不得不在此而窺學道之門者、則賢聖之書、豈可不熟讀、而細省之者乎、心法秘訣經四位起父母、即先天入後天、如先天乾一、經四位到後天乾卦、此爲金龍之氣、再逐卦經四位、分天地人三卦、爲三般、如甲子先天乾氣、經到後天乾卦、即在此卦起人元一龍、將人元後天氣挨入先天、再挨地元、起四位之交媾、而爲般卦、將地元後天氣挨入先天、再挨天元、起四位之交媾、而爲般卦、將天元後天氣挨入先天、此爲一運所管之三卦也、分卦之後、看在何龍之卦、皆要倒排父母而用、其先天入後天者、爲氣之始、後天入先天者、爲氣之終、必須用分龍之法、此爲三般、天元氣長、一卦得三卦之用、人地元氣短、不能通三卦者、時之不能也、所以人元一卦、只能得一卦之用、地元一卦、只能得二卦之用、其先天入後天者、非七數則不能入、其人地元之氣、而有五氣、即可入先天者、此爲最短之氣、尙有長氣在其中、不能盡述、其空中之三龍、一四七爲天元、二五八爲地元、三六九爲人元、行龍之氣、在乾卦起、至巽卦止、六十龍在空中而行、其中卦有九般、至地卦四而止、地四生金、天九成之、則下之六十龍、仍用此法也、其所經之位、先天乾卦在離、屬太極之一數、後天乾卦、在先天艮位、數屬七、所以一見六爲生、先天見後天也、一見七爲刼、先天見先天也、其八卦中之經四位、只有乾卦先天之氣、經到後天仍是乾卦、先天離卦、經到後天仍是離卦、其餘之卦、則氣有長短之分、如六五四三、是先天六坎氣在乾卦、經到後天震卦、則有七氣、五四三二、是先天五巽氣在中、經到後天坤卦、則有七氣、四三二一、是先天四震氣在巽卦、經到後天坎卦、則有六氣、九八七六、是先天九氣、爲金龍之氣、經到後天乾卦、則有七氣、八七六五、是先天八坤氣在艮卦、經到後天中宮、則有五氣、七六五四、是先天七艮氣在兌卦、經到後天巽卦、則有八氣、一九八七、是先天一乾氣在坎卦、經到後天兌卦、則有五氣、二一九八、是先天二兌氣在坤卦、經到後天艮卦、則有六氣、三二一九、是先天三離氣在震卦、經到後天離卦、則有九氣、其先天之卦位、乾一兌二離三震四巽五坎六艮七坤八、言氣而不能言卦、須以此氣、而行後天之九宮、如不行氣、則所經者、天元仍屬天元、地元仍屬地元、人元仍屬人元、無生化之機、有何益哉、但此法別有用法、爲收山出煞訣、最上一層之作用也、詳後七星打刼篇、不能在此挨星中並論耳、其三元甲子、以二十年爲龍運、六十年爲龍刼、三刼爲一卦、五百四十年爲一大運、非此大運、則不知天心之一卦、非此正運之一卦、則不知三般之法、非此六十年之龍刼、則不知兩片、所以有三元甲子、有七元甲子、其七元甲子、四百二十年、三元則爲一千二百六十年、爲後天甲子、三合宗此法爲用、若論五百四十年之甲子、爲先後天、所共之甲子、三元則爲一千六百二十年除去先天之三百六十年、則得一千二百六十年、在伏羲神農之世、此時無甲子、只有卦位之數、後天文王卦爻、遵甲子之數所作也、恐之地球說、早詳言之耳、昔楊公只言金龍、不言四位、待蔣公則洩漏四位之秘、係挨星之眞源、乃玄空之起卦、定卦之後、再定生尅一盤、雙雙起卦一盤、再察吉凶之方、聖賢己早言之、知止而後有定一節、即此義也、一生二分二生三一節、亦可作太極一陽生兩片、二片推三般卦之論、山管山、水管水、言一山有二氣、先到爲山、後到爲水、先到者屬先天、後到者屬後天、一山兩神、一向兩神、所以依得四神爲第一、其依得者、必須山上得氣、向上得氣、或山向得氣之神、合生成、或乾山乾向之類、是也、甲庚丙壬俱屬陽一節、言二十四山之陽干、當陽則順行不當陽則逆行、其乙辛丁癸之陰干、當陰則順行、不當陰則逆行、其乙辛丁癸俱屬陰、逆推論五行、所以有順逆不同途、須向此中求、當運之山、而反用逆、故不同途也、此節專指四干、而作人元之龍也、要求富貴三般卦一節、言二十四山中、寅申巳亥之水、以五行當令之氣、而定順逆、生入尅入之氣用逆、生出尅出之氣用順、其寅申巳亥四支屬陰地、得陽氣生入者、變陽陰體變陽、故逆行、如得陰氣生出者、此本體之當陰氣、故順行、先賢已早言之、陽當陽之本主、東方之數也、當陰氣爲逆、陰當陰之本主、西方之數也、當陽氣爲逆、其玄空人元順逆、本此東西兩片之法、只有人元一龍、作此而用、其天地之龍、則是當令者爲陽、失令者爲陰也、其玄空二十四山、天玉經中、三節共之而爲一訣、干維乾艮巽坤壬一節、乙辛丁癸一節、寅申巳亥一節、將二十四山用法指出、非三節則不能言明也、坎離水火中天過一節、言中五分順逆、龍握氣也、以氣而移八卦二十四山、其吉爲帝座、不得其氣爲吊煞、得氣爲金枝玉葉耳、識得父母三般卦一節、言識得挨星之眞訣、而將來北斗七星打刼之煞、其未來之氣、不可不防、故要正神裝在山上、零神裝在水裏、將此刼星合住生成、以免將來之敗也、即一四七、二五八、三六九之刼星、如甲子至庚午七年、有一冲、此時天尅地冲、爲龍神交戰、天不能交地、地不能交天、人不能交天交地、故爲刼星也、倒排父母是眞龍一節、予註解至此、幾至擱筆、因玄空卦、下元七八九、係順父母星、細心研究、金龍之氣、起先天入後天、是四三二一、則知仍係倒排、楊公言一龍宮中水便行、未起交媾、即用水也、故不吉、必須四三二一龍逆去、以四氣爲先天、行到後天坎卦、再以後天父母、倒排到七是也、楊公通篇言金龍、至此則言金龍對宮之四父母也、東引西歸、北到南推、亦言父母、一到七、二到八、三到九、豈不是東片到西、至四則出卦也、所以離祖離宗、爲眞龍骨、經商二字、經者天經也、商者數之用也、父母者、先天之陰氣也、所以陽從左轉、陰從右通、蔣公言父母子息、皆要倒排、再近考之陰陽二宅、皆倒排者驗、其順排父母倒子息、言父母不眞、只取到、倒排子息之氣、故代代人財退也、楊公不言父母、此二節略露一端、蔣公則發明之也、本山來龍立本向一節、言巒頭山體相合、而玄空之氣不合、伏吟不動死氣、反吟冲煞凶氣、其氣不合、有如此之凶、若明得玄空之氣、則可轉凶爲吉、世之講巒頭者、可不慎哉、更看父母下三吉、三般卦第一、言細看父母星、下到三吉之向、即天元三二一之三卦、爲人地天之龍、其人元六五四下元七八九均爲三吉言下到頭一卦之氣者是也、所以言第一、雖不言兄弟卦之氣、實則已在言表矣、共路兩神爲夫婦一節、言一山有一山之兩神、一向有一向之兩神、故爲共路也、用玄空卦、來合其山其向之神、山管山、水管水、定山上之氣、生入尅入、則爲吉矣、再看向上之神、亦是生入尅入之氣、星又相合、則爲依得四神之最吉也、若照此法來合、爲眞神之路耳、二十四山分兩路一節、言每山有兩路之分、驗取玄空五行爲主、其玄空之向已得、若用事之時、將零正之氣用錯、卦未裝清、正龍已受傷矣、面前水口朝向、無凶砂之煞、不作凶斷、看零正之神、所錯之干支、或應在何卦、即以此卦斷房分吉凶、或斷在何年有禍也、正神百步始成龍一節、言用事之課、約有百廿之氣候、始可成龍耳、即春夏秋冬、四季之氣、亦可取此四季氣候而用正神、擇二十四山之朝向、若零神則不論長短之遠近矣、前兼龍神前兼向一節、言以此體而用事、後來之龍與山穴、前朝朱雀之向、堂局水口、聯珠不能相放、以兩片之陰陽配合、將正神裝在山上、即玄空得氣一片之神、必須要失令零神一片之神、裝在水裏、如天元三二一之神、裝在山上、即運七八九之神、裝在來去水口、死生之門上、或八七六、裝在水口、及向上、此爲零正相合、合者生、不合者死也、一個排來千百個一節、言一個排來千百之多、星辰不可錯也、龍來合山上之穴、穴來合向上之星、來去水口山向、皆要合天氣之三吉、如天元一卦、以三二一爲三吉、山向水口龍穴、皆要合天元三吉中之一卦、此即收到玄空之吉氣矣、但一卦之中、又有天地人之分、故言合祿合馬合官、即是三二一之星、或三或二或一、皆爲在本卦生旺而尋、本卦是指一卦而言、然一卦之中、又有數氣之分、其合凶合吉、以何法能趨避之、必要用太歲之神、來趨本卦之吉、避本卦之凶、故立地見分明也、其成敗公位、用三合之法、看體而斷驗、如坤峯吉砂起、應在亥卯未年發、凶砂應在亥卯未年凶也、習此道者、三合豈可不學哉、論二十四山中宮之正煞、夫地球日夜一轉、即過一度、一氣過十五度、一節過三十度、其月大足三十度、其月小亦是三十度、因值廉貞或破軍之氣、行度速也、故只二十九天、爲一月也、以一年三百六十天、即三百六十五度、爲一周天、其中有五行之長短氣、故餘五度零、所以置閏以平之也、羅經二十四山、山山有中宮之煞、如冬至一陽生、氣在坎山而起、行至小寒十五度、而子山已到癸山之半、午山已到丁山之半、卯山已到乙山之半、酉山已到辛山之半、山山皆在半氣之中、故以中宮而爲煞也、其氣至節、方可居正位、至大寒三十度、則各過一山、子氣到癸是也、以後三拾度一山、九十度則過一卦、八卦之中、分日一片、夜一片、四個屬陽、四個屬陰、如甲子陽年、十二月、以三月爲一象、一年爲四象、四九、三百六十度、此氣已行一周天矣、則西卦到東卦、東卦到西卦、故爲陰年、則爲乙丑年也、其中細度、以時而推、一千二百六十時、爲一小周天之後天度數、一千六百二十時、亦爲一小週天之先後天度數、其一時、有天地之分、乾得二百十六氣、坤得一百四十四氣、在此時中分卦、此乃數學之法、非我學力之所能到也、但羅經二十四山之正煞、執指南者、皆知中宮有煞、然不知其究竟、特爲指出、以便學者、所以楊公、每山兼三分、用四十八局、以避此煞之義本此也、論乙丙交而趨戌、乙日是丙戌時、丙火生寅、乙木生午、皆庫于戌、此法亥氣貫人之意、用爲始之戌氣、爲干求支氣也、乙木運、丙火運、始氣在戌、木運丙子至丁亥、火運戊子至巳亥、十二時一轉、戌加子起至亥止、以當令爲陽順片、失令陰片、以乙丙兩片、左右而轉、用乙干分卦之長短氣也、辛壬會而聚辰、金運戊子至巳亥、水運庚子至辛亥、辰加子起至亥止、以辛壬兩片分卦、辛干分卦之氣長短也、斗牛納丁庚之氣、係乙丑在甲子之後、屬地、爲支求干、乙木運納丁、丁與壬合、故木運起壬子至丁己、六時、丁加壬起至丁己止、庚午至乙亥、六時、庚加庚至乙亥止也、金羊收癸甲之靈、係辛未在庚午之後、屬地、爲支求干、辛金運、收癸甲之靈、起癸亥至巳巳、七時、癸加亥至己巳止、戊[illegible]至壬戌、丑時、甲加戊至壬戌止、歸戌方地戶而行、其曰壬曰癸、即是此義、求干陽卦、求支陰卦，陽年用陽卦、陰年用陰卦、其中生尅制化、全在斗牛金羊二句、乙辛丁癸人元之配合而推卦也、以此四干、而用四句之訣耳、三合如天上所飛之鴿、隨手拈來、皆成妙諦、所以指明乙丑丁庚二方吉向、辛未癸甲二方吉向、如二元之天玉經云、若還不信此經文、但覆古人坟、故特指出此向、之作證也、前賢多作體論、其實既有其體、即有其氣、氣在體之先也、此篇言空中之用、特爲指出、以待後賢之研究也、其斗首訣、以戌加在月建上、亦爲地求天之用法耳、論六壬之考貴人、精之極矣、然此是彼非、莫衷一是、其實皆有一理存焉、予考之地球自亥至辰、屬乾坎艮震卦、自巳至戌、屬巽離坤兌卦、其亥支陽水、稱貴人者、辰爲天罡、戌爲地戶、天地門戶初開、即交亥支、氣之始也、最吉最貴之氣、故名之曰貴人、奇門論庚戊見牛甲在羊、配定陽貴之羊屬甲、牛屬庚戊、以及六辛逢馬虎、辛屬少陰兌卦、均奇門八卦之法、然非六壬、以日而求時貴之法也、壬課當以自亥至辰爲陽、自巳至戌爲陰、此法爲體、再以時干、分順逆而尋者爲確、如六壬天盤、陽日陽貴、在巳至戌之一片起、陽貴仍順行、陰逆行、陰日陰貴、天盤在亥至辰之一片者、起陰貴仍順行、陽逆行、必須以體爲主、亥子丑寅卯、爲陽貴人、己午未申酉、爲陰貴人、而以本體爲主、分陰陽之二貴也、其甲戊陽日、丑陽貴、未陰貴、乙巳陰日、子陽貴、申陰貴、陽日從甲戊之用、陰日從乙己之用、陽日陽時、亥加正時、順尋陽貴、逆尋陰貴、陰日陰時、亥加正時、順尋陰貴、逆尋陽貴、陽日子、爲第一課、陰日丑、爲第一課、如陽日子時、亥加子順尋陽貴、落宮、陰日子時、亥加子逆行陽貴落宮、其甲日貴人、子寅未酉戌亥、爲陽貴人、丑卯辰巳午申、爲陰貴人、乙日貴人、子寅卯辰巳未、爲陽貴人、丑午申酉戌亥、爲陰貴人、甲日子時貴落寅方陽貴、丑時貴落巳方陰貴、乙日子時、貴落亥方陽貴、丑時貴落戌方、陰貴、餘倣此推、其貴人謂、皆先陽而後陰、獨庚辛逢馬虎、以午陰爲陽、以寅陽爲陰也、在此處之㠯片、午氣到子之故耳、壬癸兎蛇藏、言此氣、藏在八卦之內而行也、其貴人法、即氣之水口也、甲戊以丑未爲水口、乙巳以子申爲水口、丙丁以亥酉爲水口、壬癸以卯巳爲水口、庚以午爲水口、辛以寅爲水口、若到陰年、則爲反卦子貴到午也、其實九十度、子貴移位到艮也、所以四九三百六十度、子貴則居午位矣、天下諸書、書書有訣、要在對不同處思想也、其文王卦爻、取神之法、即初爻、取氣之法、甲乙氣爲青龍、丙丁氣爲朱雀、戊氣爲勾陳、已氣爲螣蛇、庚辛氣爲白虎、壬癸氣爲玄武、神從干之五行、神者即天干五行之氣耳、三元三合、子評卦課、諸法、皆謂一氣而已、所以人能得知其氣、則生者可以善其生、死者可以善其死矣、言氣諸法、盡情洩露此篇、則孝子賢孫、不致望洋之歎矣、設被邪術之人而得、數學之道、不能容也豈遞可奪天公之巧哉、二十四山雙雙起言起山一盤起九星之氣一盤定其生尅斷其吉凶也戊辰六月仲言補刊

地理精髓論

靑囊經上卷云、三八爲朋、四九爲友、一六共宗、二七同道、五十同途、其中三八稱朋者、同屬土氣、不能用也、必要三與四、八與九、方能用之、但八卦之中、雖合生成、此法不能合用、故卦中輔星變化多端、天上只有七星故耳、此法非深得卦理者、不能知之、如一六共宗、外氣六、內氣一、可合玄空、設外氣一、內氣六、則又不能也、爲退氣、故不可用、世人皆知合生成謂吉、殊不知要分內外二氣、氣吉萬事皆吉 所以山澤通氣、艮爲山屬土、兌爲澤屬金、外土來生兌金則吉、如內艮土生外氣金、則又不吉、其數七兌八艮、外爲陽 內屬陰、如外陽氣艮、來合兌卦之少陰則吉、如兌卦當外氣之時、則又不能通氣、變澤山咸卦之故、其氣變化不一、靑囊上卷末句、言此篇爲化始、雖如此化法、要人知時之變化流行之水也、水即年月日時甲子干支、特爲指出、以水而定卦、故有時而吉、有時而凶、非筆舌所能罄述、其三與四卦、三是土星、四是水星、爲地水師卦、八與九卦、八是土星、九是金星 爲地天泰卦、玄空卦法、只有三八不合、同類無交媾之取、其實三八生成、皆能用之、對宮可用、同宮不能用耳、如子許、三丙與八辛相合而化水、何不可用之有 但此法五行與九星並用、故不取也、讀者須明此理、而非生成不合、是玄空五行、與九星交會之一端、且玄空亦有三八賓主山向之合 其本宮內外相會五行之氣、則不可也、靑囊序文、有山管山、水管水 山有山之內外二氣、水有水之內外二氣、通篇要作此看、天玉經云、三合年中是、言用三合而斷、如申子辰水局、甲子木尅戊辰土、戊辰土尅壬申水、是一甲五戊九壬 到乙丑年、則一乙五己九癸、論三元者、天地人、三合者、亦天地人 如申子辰、寅午戌、亥卯未、巳酉丑 即人天地相合、通變化而用之、何得兩家之分別、寶照云、發龍都向支神取、若是干神又不同、即上文甲木尅戊土之意、干神用法、略有分別、三元兼而有之、其乾山乾向水朝乾一節、一運癸山丁向 二運壬山丙向、皆是武曲星、爲卦之乾山乾向 其亥山己向、亦爲乾山乾向 皆是文曲星、四綠文曲戌乾巳也、昔郭景純、阡此山向、出狀元、收到山向文曲、象吉通書可考、其卯山卯向同意、所用朝字源字來字流字、皆言氣也、爲朝源來流四字、天玉經云、共路兩神爲夫婦、即山管山 水管水之義、山上二氣、水上二氣、即本宮內外二氣、配則爲眞夫婦、不配則爲假夫婦也、章註直解云、程我滋與宋氏附葬祖坟 乙丑年阡亥山己向兼壬丙、合一六、亥上貪狼星、壬上武曲星、老坟生人 新坟催官 應在乙酉年發、亥山文曲到宮之驗也、天玉經云、倒排父母是眞龍一節、其父母子息皆要倒排、但大運下元順卦之運、非謂父母、切勿錯用、其子癸午丁天元宮一節、所言者氣也、言此子癸午丁之氣、卯乙酉辛相同、山者體、水者氣、此體正合此時之用、爲一同到、牛穴乾坤艮巽宮、言乾坤艮巽卦、亦有山向可阡、取得輔星成五吉、或龍脈、或水口、或山向、收不當令之輔星入穴、將來有當令之時 指明知玄空者道之、其寅申巳亥人元來、寅申巳亥、配乙辛丁癸水口、其來脈收取貪狼氣、雖當時不能得令、天卦只能收到山向之吉、即爲依得四神爲第一、而將來水口龍脈、亦有當令之時、故爲五吉、若論地體之五吉、山向、來去水口、龍脈、此爲五吉、其玄空天卦只能收到山向之吉、不能兼收水口龍脈之吉、其卦之不能、知易理者、自能悟之、然水口龍脈又要兼顧、故經文有去來二口死生門、前兼龍神後兼向、連珠莫相放之句、辰戌丑未地元龍、配乾坤艮巽之氣爲夫婦、而用甲庚壬丙水口阡向、讀者細悟之、豈有下元龍、盡葬橫龍、不葬一直龍耶、學者須在此處思想、細心人當能了解、辨正一書、通篇皆重天道、其一運字、皆是活字、運有大小之分、切勿呆看、零正神辨、零正、即九星行氣之神也、正神收到山上、即穴向、零神裝在水裏、即水口、龍脈、兼輔兼貪之意、正神者、上元一二三爲正神、其四五六七八九爲零神、中元四五六爲正神、則一二三七八九爲零神、下元七八九爲正神、則一二三四五六爲零神、此以三才而論零正、蔣公所言出卦不出卦者此也、亦有兩片之零正、由中五而分、一二三四爲正之時、則六七八九爲零、六七八九爲正之時　則一二三四爲零矣、其中五無零正之分、有兩片之別、上片之時能用下片、下片之時、則不能用上片矣、蔣註漏風冲泄、旺元猶可、衰運無噍類矣、言一運管三卦之三運、所阡之向、不得玄空點位而裝之水法、爲冲泄、然猶在旺運之內、故不見破敗、若出此數年之外、則敗絕之不可免矣、如三運震卦當令、朝東之向、丙寅年所阡者是也、謂得訣之人、不會用水點位而裝之害、有如此之甚耶、實照經云本山來龍立本向一節、本元旺氣到山到向、其用氣之法、必須要父母子息一路而行、即用年月日時一氣、若父母子息不一路而行、易患此病、如甲子年阡庚山甲向　收到貪狼則吉、若誤用丙寅壬申之月建、爲伏吟反吟星也、其元空秘旨、陰神滿地成羣、章註四七九二爲陰神、四水賓、七金主、九金賓、二土主、主去生賓、不吉之卦也、其三字靑云囊、管三卦、一卦通管三卦、由大運推到二十年之運、內分三卦、當時之一卦、所通甲子干支而定卦、爲一卦通、再由中五雙雙而起、順逆而行、其運會在皇極經世大運一千二百六十年、三分四百二十年、爲七元甲子、有五百者、一百者、一百二十者、一百八十者、五十者、三十者、四十五者、筆難盡述、其運字作令字解、作時字解之可也、天元五歌云、四吉四凶分順逆、四吉卦、如乾卦而論、天風姤、風地觀、火地晉、大天大有、爲四吉卦、四凶卦、如乾卦、天山遯、天地否、山地剝、爲四凶卦　餘卦照此生尅而推、外卦生尅內卦者吉、內卦生尅外卦者凶、即四吉四凶分順逆之意、父母二卦、言兩片之大卦、要顛倒而輪、先顛倒輪過父母卦、再由四吉四凶分順逆而推、凶卦有吉之時、吉卦有凶之時、推到當時之一卦、吉則爲吉、凶則爲凶矣、上論八卦、以便學者知此一法、要知時之變化、方可會用、非聰明智巧所可知也　至如理氣、恐論地球、現在甲子係民國十三年、箕宿值年之甲子、值巳時末、一千二百年之後、六十年、如過此六十年、交午會、先賢所論、夏至陰順陽逆、則恐恐所得玄空卦經驗、交下甲子　則不驗耳　先立一法存之、當順者逆、當逆者順、以待當令甲子百二十年之後、天生後賢得此訣者、復攷經驗如何、考之地向南行、千古不易之法、但交午時東半球、行西半球之氣、如夏至然、恐有變化、天之氣運不可測、當生天文家賢者、而考正之、則未可知也、戊辰正月、安吳胡仲言補誌、

序言

夫地理之道、昔時楊曾諸賢、闡發靑囊之秘、其有形可見之地一片、必有無形不可見之天一片、在向而爲龍也、無如大易之理深微、且世人惑於山龍來龍習慣、知有地而不知有天、牢不可破、厥後間有通乎此理之人、則隱秘而不宣、迨淸初蔣大鴻先生、著辨正闢僞法、昌言救世正道、濟人苦口婆心、無微不至、是故天元五歌、玉尺辨僞之所以作也、且其文理奧妙、學者泛泛讀過、而不知其精微、如東南震巳正面離風、其中起卦之訣、略露一班、不思其精、不知其妙、而玉尺辨僞一篇、爲大鴻先生、最得意之作、言前人之所未言、發前人之所未發、將長生三合之法、驗盡無遺、近來習此道者、何以長生之法、到處皆然、但長生二字、有兩種解義、如張子微先生云、巳丙長生去有妨、其言長生、非以十二支配九星、地理五訣所用之法、是謂當時之吉、而加之美名也、後人錯會其意、淆亂是非、著書立說、僞法雜出、因其訣淺俗、學之者易、故學者往往棄難而就易、則僞者半天下矣、予習此道數十年、專研究精微、棄易而就難、生平所學得蔣公書最深、無蔣公書、則我不知天道之一片、而一生心血、付之流水、大鴻先生、濟世濟人、豈淺鮮哉、其中易解之文、庶不加細註、奧語之點、則逐節註明、使學者得知龍來當面兩片乾坤之道、大白於天下、是則予之志焉、丙寅六月、安吳胡仲言自叙、

序二

易曰一陰一陽之謂道、道也者、合無極太極、河洛先後天各理數、而統括其全者也、地學之理、要在無極之處、用心思索、實爲有極、究竟極在何處、以時而立極者是也、世人皆知以時爲重、以時立極、而不知其所立在八卦之中、何時當立何卦爲極、九星之中、何時當立何氣爲極、或知立極者、止知中五立極、呆配宮度、而無變化、何能契合天心、則不知中五之所以立極者活極、隨氣轉移、則由中五分往來相交接賓主、而應用之者也、舉世若盲、無一知者、我不禁三歎息之、而無已乎、其故何耶、蓋緣有形之地、山川之體、學者每每從此入門、錯走道路、將陰陽分作雨下而用、古今聰明高尙之士、誤在此處者、豈淺鮮哉、夫堪輿之學、首重者卦氣、能知卦氣之理、則有形可見之體、自得爲我所用、故靑囊經三卷、雖不言山川形體、而形象已寓於其中矣、但大易之道深微、不易考求、先宜讀各家通書、知天時行甲子之法、再讀奇門等書、知九宮一四七二五八三六九掌訣之法、然後研究文王卦爻、知變卦變爻之法、如邵康節先生所著、梅花易數、鐵板神數、皇極經世等書、乃地理一道最關重要之書、必須細讀、方知變卦之理、如離卦四時之九十天、分之則又爲十五卦之數、以日計之、爲十五天、以時計之、則爲十五分也、其一卦六爻、如火山旅、火天大有、火雷噬嗑、山火賁、天火同人、雷火豐等卦、前三爻火在上、後三爻火在下、昔時楊曾諸賢、以及蔣公大鴻先生所謂出卦不出卦之理、即在此中分辨、此法契合玄空大卦之訣、天地人三才之用、學者須在此中尋味、自易入門也、其天玉經之乾山乾向水朝乾、乾峯出狀元、係六運所忓、子山午向、乾卦起高峯者是也、先天乾卦、居正南、後天離位、後天之離、先天乾也、其先天乾氣、行到坎卦子位、收到當時之旺氣、爲水朝也、先天後天、體用相合、最尊最貴之吉龍、非精通易理、變化卦爻者、斷不能知其中之奧妙耳、要知三元三合、皆出大易之理數、讀三元之書、化作三合之用、假如巳酉丑金局在三元則作金局一氣、其理一也、此道變化不窮、吉向年年皆有、破除陰陽貴賤之名、不可偏重形體之用、陽氣陰體、猶如夫婦之配合、二者不可缺一、經曰陽若無陰定不生、陰若無陽定不成、陽水陰山相配合、兒孫天府早登名、須知陰陽兩片配合之用、則可以論龍穴、則可以論砂水矣、豈拘於有形之實一片者、所可同年而語哉、

中華民國十五年六月安吳胡仲言自叙於養心室中

天元五歌目次

漢口武漢印書館印

安吳胡仲言補註

天元五歌

雲間蔣大鴻著

一元浩氣涵三象、混沌初開氣升降、天清地濁成兩儀、陰陽互根氣來往、山川土石象中氣、日月星辰氣中象、二氣相抱不相離、濁陰本是淸陽相、惟有人爲萬物靈、品配乾坤號參兩、一人自具一天地、卓立三才不相讓、元陽本是天中來、形從大地產根荄、至人父天而母地、此是生成妙化裁、天元降在地元中、猶如父母搆成胎、十月嬰胎非父職、三年乳哺母之懷、人生本天而親地、地靈原是天靈栽、

註解三象言三才、易道三才四象兩儀之氣、有升有降、山川土石外象、而內中有氣、日月星辰天象、而氣行地中、兩

漢口武漢印書館印

氣相抱、時刻不離、人爲萬物之靈、一身自具一天地、無天則不生、而生之後、母兮育我、人皆可見、地屬體故也、其育我飲食之需、而屬天屬外、非外來父兮之財養育、則不能生、且有父兮遠游數千里者、其形雖遠、其心常近、或託兄弟照應者、同父母一卦是也、託姻親照應者、合生成之數是也、其向最重、若有形大地、不得當時吉向、不但不發、而且絕嗣、可不慎哉、人以心爲主、心善而萬事皆善也、所謂善人合天、世之求大地者、無德之人、可合天心者、我未之見也、大鴻先生言地理、比之父母搆胎、醒人千古大夢也、而世鮮有知者、若苦求有形之地、而不以向爲重也、哀哉、生時衣食居廈屋、萬寶地產名天祿、由來宅相福生人、帝室皇居壯京國、死時埋骨歸於土、反本還原義反覆、還從地氣吸天光、變化蒸噓露金玉、

註解得天之氣、用地之產、名天祿、言在生得祖攻陽宅之氣、死時埋骨於土、爲反本之時、當時要地氣吸天光、謂天地兩片相合、得此吉向、自然發福、變化蒸噓、金玉之吉也、煉陰仙客解冲虛、凡骨猶能化百族、吉成龍鳳象靈奇、凶作蟲蟻諸惡毒、精魂苦樂人不知、但見子孫生禍福、聖賢仙佛也難逃、帝王將相莫自豪、各有山川來蔭應、今來古往不相饒、最小千金傭販子、亦沾微潤樂陶陶、不然無祿並絕世、墓宅不爽爭

秋毫、

註解古來仙客能知此法、承此生氣則吉、失此生氣則凶、聖賢仙佛、帝王將相、難逃此數、若得此生氣吉向雖千金小販亦沾微潤之樂、不然無祿絕世、秋毫不爽也、

所以聖人重此道、遷豳卜洛何焦勞、後來名賢朱蔡輩、煌煌書册議最高、

註解引聖人之言、教人信此重向天一片之道也、朱蔡諸賢煌煌書册議論最高、指引此理、在聖經中求之矣、

無奈豎儒識見偏、諱言求福云違天、世上惜財薄葬者、附會此說以文慳、一日偷安抛父骨、世代凋零百不全、直使子孫貧夭

絕、不孝莫大豈爲賢、覆槨翻棺井腐骨、父母魂魄更堪憐、

註解世人往往不信此道、偷安拋父母骨不葬、則世代凋零、而不自知也、直使子孫夭絕、不孝莫大於此也、

世間萬事半荒唐、惟有陰陽不可當、不笑不言三尺土、掌握禍福急如火、笑人不重祖父墳、只望花開不看根、僧道乳母且相應、繼子外甥如嫡親、墓宅吉凶較量看、新墳舊墳也相參、墓宅兩興宜鼎盛、墓宅兩廢斷人烟、宅凶墓吉兒孫慶、墓凶宅吉眼前歡、祖父新阡沾殺氣、高曾福蔭他房去、寒林忽發一枝榮、若非新宅必新塋、吉少凶多福來短、吉多凶少禍來輕、

註解世間萬事、只有地理一道、陰陽二宅、吉凶禍福、秋毫

天元五歌總義　三一

不爽、繼子外甥、僧道乳母、且可相應、何况嫡脉之應驗、豈可忽哉、新墳、舊墳、陽宅須當兼看、斷事方有准的也、

更看屍骸寒與暖、歲久骨枯取效緩、惡山惡水倘曾埋、銷盡陰霾氣方轉、初喪新骨天靈完、葬乘生氣朝花鮮、更遇嫩山并嫩水、一紀之內錦衣還、并將宅氣來相輔、卑田院裡出官班、

註解所葬新骨應速、歲久之骨效緩、倘曾埋過有水之地、改葬吉地之骨、必須銷盡陰霾之氣、方轉吉氣也、言得吉向、所發有遲早之分、若得陽宅相輔、則更吉矣、

莫說生來命數奇、地元一得天星移、此是至人造命訣、二十八宿掌中齊、

註解地元一得、方知天運過宮纏度、即六十甲子之氣流行到地、爲玄空卦訣、其二十八宿、亦是此訣、其中四土宿、屬中央鎭星、以二十四宿、配金木水火日月、天盤之用、隨氣轉移、則子孫之生命、亦隨陰陽二宅之氣、定其貧賤也、但二十八宿之用、即金木水火土五行、隨時而變易耳、

莫說窮通有骨相、騰蛇變作雙龍樣、此是仙家換骨方、死骨不灰生骨壯、

註解莫說命相之吉凶、其權在陰陽二宅、進而言之、在人心之善惡、而定之也、仙家換骨、言墓地之吉、其骨不灰、而子孫之生骨強壯、祖墓之吉應、驗不爽、有如此者耶、

勸君大地勿誤求、大形大局少根由、縱有千山並萬水、與他穴氣不相投、

註解大地莫誤看、言山龍要仔細、其形大局大者、若無大來龍之根由、穴不的確、乃是假地也、其平洋龍則不然、用事亦平和、點穴亦稍易於山龍也、

一枝一泡山龍眞、一鈎一曲水龍神、肉眼只嫌結局小、個中生意滿乾坤、

註解一枝一泡、山龍眞者多、一鈎一曲、水龍眞者多、總要登穴有情則的、切勿因其局小、而棄之也、

恨殺時師不識眞、常將假局賺他人、謀占靈壇並舊墓、壞人心

術少安寧、豈知吉地方方有、只在眉頭眼下尋、

註解時師不識眞地、或聞某處大地、百般營謀、心術既壞、豈獲吉哉、吉地方方皆有、不明玄空卦者、豈易知之者乎、

蔣生二十慈親喪、幾度拜人求吉葬、家破多因買地差、身衰半爲尋師浪、幸遇眞人無極子、授我玉函法眼藏、十年冥悟徹元微、萬里探奇走烟瘴、識得天元造化根、花前月下天機放、

註解敘生平學地之難、得無極眞訣、十年則可冥悟元微、造化在手、隨手拈來、無非妙用、樂道之意也、

此書不是術家書、河洛龜龍太極圖、義文周孔心相契、夏禹殷箕義不磨、管郭遺文多僞托、曾楊口訣世間無、若不傳心並傳

眼、青囊萬卷總糢糊、天涯倘遇知音客、留取雲陽醉後歌、註解此書大易所出不是術家之書、天涯倘得知音、言得挨星訣者、留取雲陽所著之歌、而逢知己之意也、知己之難、世所罕見天下之大、甚屬稀少、愚所見著書者論之、如鄧仙卿先生、所作地理知本金鎖秘一書、宗蔣公之法、可謂知己、如蔣國先生、所著地理正宗一書、可謂知己、如嚴陵張九儀先生、所著透地眞傳一書、同蔣公之法、可謂知己也、且張九儀先生、所著鉛彈子一書、言坤道有形之一片龍穴砂水、言之最詳、爲巒頭書之最好者、蔣公以後、談巒頭之書、可稱第一、學者不可不讀也、

天元五歌山龍

昔日華山陳處士、演成太極傳當世、推原天地未分時、只有坎離水火氣、二氣相亘不相離、淸者爲天濁者地、坎離一交成乾坤、製造大圜如冶鑄、黃輿乃是冶中灰、水火煎烹積滓翳、

註解希夷先生、演成太極、水火二氣、坎離一交、則成乾坤、坎先天正西、離先天正東、言有先天之交、則有後天之乾坤也、黃輿言地圖沙漠之處、有時大風、沙積丈餘之高、風去而又平之、此地如冶鑄之灰、無交媾之氣也、如人身一小天地、人之大便、經水火二氣、煉過之後、而出者也、

山情剛燥火所凝、骨骼支撐爲砥柱、崑崙高頂九霄中、此是中

漢口武漢印書館印

天泰帝宮海外三山幾萬里、總與此山脉絡通、陽脉東南來震旦、如人正面向離風、篤生聖哲臨夷夏、迴與肩背不相同、

註解山情剛燥火所凝、故大山結穴之處少、爲發脉之地、有天地人三龍之分、崑崙高頂九霄中、乾卦屬九、言乾卦爲祖山、陽脉天氣一片、流行到江東一卦、爲震旦也、如人正面向離、言我向先天之離、後天震卦、即先天之離卦、先天後天體與用也、巽卦爲風、東南之維也、迴與肩背、言內外卦之別、背面之分、能知空中一片、來合地下一片、則篤生聖哲、皆乾坤之龍脉、正氣之所發也、

大幹三條分主輔、三條各有帝王龍、帝穴龍神五百里、若然百

里作王公、但有特龍來數里亦許功名鑄鼎鐘

註解大幹三條、三才之龍也、各有帝王大地、看來龍長短之分、主爲中出、輔爲偏出、力量有大小之別也、

欲識龍行先識起、龍若起時勢無比、高山萬仞削芙蓉、千里層巒皆俯視、此龍多生木火形、放下羣枝行八際、一枝一葉有龍神、正龍端向中央去、只把江南大勢看、南龍起頂是黃山、左翼九華開內輔、右翼天目廠東藩、正龍句曲神仙府、直到金陵龍虎蟠、

註解行龍看起者、看起頂何卦也、芙蓉言山之最高者、木火形居多、此爲發脈祖山、放下羣枝行八際、言龍往八方

而行、到處皆可結穴、中央一枝者、謂正龍也、
山形一起一龍分數起數分龍益尊、龍神分去無非穴、正幹偏枝力不均、
註解山龍起跌最多者、最貴之龍也、正幹偏枝、力量有大小之別、到處皆可結穴、但發福大小之不同也、
看龍看起復看斷、凡屬眞龍斷復斷、斷斷時百里失眞蹤、穿江渡海情無限、山根委曲地中行、不是仙人誰著眼、
註解看龍看斷最難、蛛絲馬跡、穿江渡河、最難分辨、起而伏、伏而起、有形可見之處易看、若穿江渡河、飛脈之處難看、難乎其難、故言不是仙人、誰著眼也、

識得斷龍方識結、結穴元微最難說、世人求穴近大山、且要案山龍虎夾、豈知大山龍未歇、縱有窩藏反走泄、眞龍偏結曠野中、踴躍奔騰不怕風、饒他落在深巖裡、也要平坡萬象空、好龍勇猛向前奔、從龍不及過關門、譬若神駒日千里、難將凡馬望其塵、亦似三春抽嫩笋、從龍如籜抱其身、一朝雷雨干霄長、節高籜落不相親、時師只怪無龍虎、眞龍眞虎穴中鎖、會得天然龍虎時、浪打風吹皆樂土、

註解識得斷龍過脉、方識結穴之處、往往求穴大山之間、都無眞穴、眞龍眞穴、結在曠野之中、且有無龍虎之穴、只要龍眞穴的、山龍以外山爲龍虎、平洋不要龍虎、且要後

空、只要向上旺氣、到宮之時、則爲龍來當面也、

龍神節節顧祖宗、如子戀母遠相從、若不祖山爲正案、另求特案配雌雄、百里眞龍百里案、賓主威嚴眞匹配、莫言作案便非龍、但是高峯都不賤、

註解龍行起頂、如子戀母、言顧祖有情之意也、龍大局大、龍小局小、全憑作者會用也、

辨穴先須辨落脈、落脈乃是穴消息、頂上生峯脈頭角、兩旁開帳脈羽翼、粗枝出細好花房、老蚌生珠光滴滴、也有好龍無脈看、高岡平阜只粗頑、彼處祖宗多脫卸、數節之前骨相完、

註解辨穴先要辨落脈、乃爲眞消息、頂上生峯何卦、即知

何龍之脉也、有好龍無脉看者、言平洋平岡之龍也、看龍之法、在數節之前、定其生死動靜、生者有情、落脉秀嫩、或近水之處、死者無情、土色粗燥無神、必不結穴於此處也、

大率眞脉有二種、連脉飛脉、精神迴、連脉眞踪在本山、飛脉他山復一湧、本山定是結垂頭、他山半作拋珠弄、也有飛脉遠數里、起伏愈多龍愈美、時師只道餘氣長、或說羅星水口當、豈識眞龍饒變化、草蛇灰線最難詳、敎君到此須求盡、眞龍大盡貴非常、近山飛脉不嫌土、遠山飛脉石中數、若無眞土盡浮泥、恐是人工難證取、

註解脉斷之處有二種、連脉有跡可尋、飛脉他山有情、相

照者是也、或隔水穿田、有情之山、垂頭拋珠相對、有遠者近者、有數里者、全在眼力分辨、心領神會、難於言狀也、與君細論石中機、石是山精骨髓滋、時師只怪石無穴、誰道眞龍石始奇、眞鉗眞窩石內藏、眞龍眞虎石兩旁、識得枕棺龍口石、千山玉乳灌心香、結穴之石此中推、行龍之石脉胚胎、不審其中元竅理、滿山頑石豈堪裁、試言結穴有二品、石穴土穴貴相準、石穴端的是窩鉗、愼莫鑿傷龍骨髓、土穴太極暈中抱、內象分明外象隱、窩鉗土色不須論、太極重輪仔細尋、眞土原來石變化、不同凡土五華文、世人鑿穴但求土、若逢凡土枉勞神、

註解此節言石穴、多結窩鉗、而結穴之處、上面無根之石

作蓋、其下必有眞土放棺、全在外形、觀察明白、眼力高明、不然滿山頑石、豈易尋哉、若土穴、有眞結穴之處、必有太極暈在內、不審其中元竅之理、豈易點穴者乎、

問君下穴有何法、正龍正下是眞訣、時師只說冲腦門、每向龍旁尋倚穴、精華走失發不全、左右偏枯房分絕、也有眞龍偏側走、龍是側來穴是正、此是龍身一轉頭、結頂垂頭巧相稱、

註解下穴先要辨龍、正龍正下、若側龍、到結穴之處、亦正或偏左偏右、全在作者妙用、時師言冲腦門者、不會用也、往往正穴不點、而反尋倚穴側穴而點之、當正而不正、當倚而不倚、時師每每如此、我不知其究竟也、

語君結頂是眞訣、披肝露胆向君說、龍不起頂非眞龍、穴不起頂非眞穴、結頂名爲眞穴星、穴星圓暈產眞金、世間萬寶金爲貴、此是眞陽露妙形、眞龍大地皆同體、遇著眞金莫放行、亦有穴星兼四曜、不離金體是眞精、

註解龍到結穴之處、必要取頂、如乳頭樣、爲金星頂、披肝露胆向君說也、亦有結穴之處帶曜、或火曜、水曜、木曜、土曜、然結穴之處、必要有小金星之圓頂、其穴方的也、

無極天元無別說、只曉眞龍並眞穴、識得眞龍與眞穴、天機造化任我奪、不得眞龍與眞穴、我師更有方便法、旁枝旁脉有來情、只要穴後生一突、緊粘突下作穴星、此法名爲接氣訣、人丁

財祿兩豐盈、亦堪衆子登黄甲、君看當今富貴墳、大都接氣非眞訣、

註解點穴之法、只要有來情之處、生一小突、即可點穴、名爲接氣訣、緊粘穴星、不可脫氣、自能發福也、

亦有眞龍向前行、腰間脊上有三停、湊著龍身下一穴、此作騎龍斬氣名、

註解眞龍向前而行、或腰間或脊上、至盡結之處、只有三穴、其龍在腰脊歇息之所、必開窩開鉗、開面吐唇之處、在此下穴、謂騎龍斬氣之穴、而名之也、

眞龍餘氣本非穴、擡背來時氣未絕、亦有龍旁一脈垂、是號流

神皆可發、世人見發說穴眞、豈意龍領剩明月、
註解眞龍餘氣之處、若背後有鬼星者、亦有穴可用、大地穴傍、有一小枝垂頭有情、亦有穴可點、爲豈意龍領剩明月之意也、若山形反背、山水無情、爲行龍之處是也、
囑君受穴緊中粘、莫嫌湊煞出球簷、得龍脫脉眞元散、受水乘風禍不淺、
註解點穴之法、總要接氣爲佳、不可脫龍脫脉、當緊則緊、當寬則寬、若寬處點穴、加意愼重之義也、
我有眞人枕中記、說盡葬山諸大忌、一一分明告世人、廣渡羣迷長生意、第一切忌下空窩、空窩積水寒氣多、葬下淤沮骨腐

爛、子孫絕滅可柰何、凡有水淋生大咎、左淋長子先不宥、右淋小子少安寧、當背淋來皆莫救、

註解點穴之法多端、總要起頂之處方的、若起頂處、有水路者、爲淋頭水、分左右中之別、切宜忌之、若不起頂而點穴、則此之患、皆不免矣、故爲第一忌也、

穴無貼肉若坐空、定有淋漓向穴冲、水流割脚猶堪忍、水若淋頭立見凶、

註解穴無後山之靠、又無貼肉之處點穴、定有淋漓之患、前忌割唇之水、後忌淋頭之水、無眞穴之處、定有此害也、

第二切忌下平坦、穴居平坦眞情散、坐後全無貼體星、平坡漭

蕩生憂患、

註解平坦之處、眞情散蕩、又無貼體星辰、謂平地無起伏者是也、若有起伏、則又當別論矣、

第三莫下天風刼、高山頂上空無穴、高而有穴不爲空、無穴天空眞刼煞、八面風搖骨作塵、此是風輪不可說、

註解山頂結穴、必要藏風聚氣、不拘龍虎大小、有情方的、若無眞穴、誤點此處、則爲風輪八面之煞、而最忌者也、

第四莫下龍脇背、龍自他行氣不聚、縱然穴後不空虛、牆頭壁下無根蒂、

註解龍之脇背、言山形反背、起突不開面者、砂飛水反之

處、縱然穴後有鬼星、爲龍分枝之處故謂牆頭壁下也、高者極高低者極低、山水無來情、不開陽面者是也、

總之眞穴少人知、只言怪穴不易窺、正穴正情原不怪、須將福德合天機、

註解眞穴知之者少、怪穴實不易窺、眼力高明、點到正穴之處、登穴觀看四山有情、原不爲怪、歸重種德者得之也、

恨殺堪輿萬卷經、當年曾有滅蠻名、假托曾楊爲正訣、不悞蠻夷誤後生、

註解堪輿之書最多、誤人之處亦多、眞書少而文奧、假書多而文淺、故後生之被誤者多矣、

漢口武漢印書館印

陰陽两淨卦中來、陽龍節節是陽胎、陰龍剝換亦如此、只取清純向首排、

註解地理要用卦爻、其上卦陽龍、下卦陰龍、但點穴之法、在向首而定其吉凶也、山是下卦、有形可見、向是陽卦、無形可見、其一卦六爻、有上有下、難於言狀也、

若是嫩龍終是嫩、乾坤辰戌皆英俊、若是老龍終是老、巽辛亥艮未爲寶、

註解尋龍之法、看體老嫩、豈可以方位干支之分別老嫩、且用法、亦無老嫩之分、此言俗術之非也、

浪說貴陰而賤陽、天下奇龍阡葬少、五星只取影中形。九星變

化亦非眞、

註解陰陽本無貴賤之分、若貴陰而賤陽、則天下奇龍阡葬者少也、五星只取形象、則九星形象、楊公九星、皆非眞也、言坤道可見之一片、舍天而言地、俗術之非也、

撰出後天生與尅、豈解先天大五行、先天五行無生尅、一陽變化皆太極、眞木原從火裏生、眞金本是水中出、語君休忌尅胎龍、木金水火原非逆、

註解世人只知後天、豈解先天玄空卦之法、先後天並用、論空中之五行生尅、無生尅者、反不可用、八卦本水火二氣、先天離卦、生後天震木、豈不是火生木也、先天坎卦、生

漢口武漢印書館印

後天兌卦、豈不是水中出金也、其行龍法、子微先生、言之最詳、行龍本要生尅剝換、豈忌尅胎之龍、言俗術之非也、更把方隅分五行、左𢌞右轉別陽陰、生方旺地求高峻、堪笑時師掌上尋、

註解言以方位論五行之非、呆配干支卦位者、不足取也、

生龍本有生之情、死龍亦有死之形、生生死死隨龍變、豈在方隅順逆行、

註解生龍死龍、全在向上分清、以時而定吉凶、豈可以方位而定者哉、其氣在山、亦爲生龍、所謂在山在水同論也、

或取喝形來點穴、此是仙人留記訣、好穴難將告後人、記取眞

形揣摹合、混沌初分即有山、世間萬物後來源、器物衣冠時代異、那得生成太古前、子微玉髓巧分明、只爲峰巒論應星、若說龍胎眞有相、後人虛揣失眞情、

註解喝形點穴、仙人之訣、玉髓經中、言之最詳、不可不讀也、其言龍穴之體、峰巒應星、如眞有相、故言玉髓之巧也、其實一部玉髓經、即仙人點穴之訣、子微謂仙人也、

山上龍神不下水、先賢眞訣分明語、時師却把水來輪、衰旺順逆紛無已、誰知水法不關山、失水乾龍會上天、直瀉直奔皆不忌、蝦鬚蟹眼莫求全、

註解山上一卦、向上一卦、即內外二卦之分、豈長生之法、

所可同年而語哉、失水乾龍、言山上得旺氣、向上則不得也、所謂在山在水、一同論也、曾公言山管山兮水管水、楊公言、陰陽不能分兩下之句、予補註有將乾坤兩片分開而言、又言陰陽、不能分開而用、豈非自相矛盾、然其中至理、有不能言語形容者、故經曰、外氣行形、內氣止生、予有將字義分開註者、然此一外字、外固屬陽、下文形字屬陰、一內字、內固屬陰、下文生字屬陽、則又不能分開字義、而解之也、如水字則有兩義、有言天上之水、有言地下可見之水、全在讀者會心、世間萬事萬物、無交媾陰陽、則無生成、如巒頭二字、亦含有陰陽之分、巒者屬陰、頭者屬陽、其理氣二字、陰陽包含在內、則不能分、故得理氣者、則世間萬事萬物、皆我之所先知也、豈地理之一道哉、如失水乾龍會上天、雖不得向上之旺氣、則得山上之天氣、故謂會上天也、古人有倒葬之法、因當時旺氣收到山上、故將骨骸倒葬、而坐空朝本山分金、古人之重旺氣爲龍、言不虛也、愚案、或古人言旺氣之吉、用倒葬不忌之說、雖朝本山阻胸、則不忌也、教人專重旺氣之說、決非實有其事也、予覆墳有汪姓者、甲寅安葬祖墳、阡癸山丁向、此即爲失水乾龍會上天、得山旺而向不旺也、其家丁財小發、問其墳墓、係用瓦罈裝骨灰而葬者、予賀曰、收山旺而葬骨灰、正

合山旺之用、若向旺、則反無取用之處、此一變通之一法、善哉善哉、適天緣之最巧者也、

雲陽本是先天老、衆說紛紛如電掃、血淚沾襟歌復泣、天機泄盡誰人曉、

註解蔣公所言、先天爲體、後天爲用、血淚沾襟、普告天下、其天機泄盡、世人無一知者、嘆息之詞也、長篇大文、句句金石、巒頭理氣、無微不至、而舉世若盲、可慨也乎、夫大易之數、各有各數之理、如六十四卦、則有上卦下卦之分、若乾策二百十六、以三十二卦推算、得六千九百十二、坤策百四十四、得四千六百另八、共之、萬有一千五百二十也、

天元五歌平洋

天下平洋大地多、平陽龍法更如何、世人盡失平洋訣、却把山龍溷揣摹、

註解首章言平洋、與山龍不同、平洋以低有水之處作山、山性炎上、水性潤下、故用法不同之點、在上下之分也、

平陽原不與山同、郭璞分明說水龍、水龍一卷從來秘、不敢輕傳洩化工、我代雲陽行普渡、一言萬古鑿鴻濛、神呵鬼責甘心受、造福生民在掌中、

註解平陽龍與平洋龍同、郭璞言水龍也有水龍經一書、學者必須細讀、平洋以向爲主、最重玄空卦之訣、爲龍來

當面也、故言造福在掌中其實所言玄空大卦、不然一卷水龍經、經中又無眞訣、何以如此愼重蔣公借題發揮、瞞過世人不少也、讀者細心領畧千萬不可大意爲要、

山形來落有根原、大地平鋪一片毡、首尾去來無定所、分枝過峽不須言、莫把高低尋起伏、休猜渡水復穿田、

註解平洋一片、要在當面龍神、挨星之法、用功夫也、其分枝過峽、渡水穿田、有形可見者、在所輕也、

山是眞陽神在骨、地是純陰精在血、山常葬骨不離肉、地惟葬肉不離血、人言生氣地中求、豈知地氣水邊流、流到水邊逢水界、平原浩氣盡兜收、

註解平洋以水爲血、千古至言、如山龍開穴先有浮土再見眞土而爲骨也、平洋近水點穴、猶如山龍、有數尺浮土之意、距水不可太遠、恐脫血脉也、其水邊水界、而水字有兩種解義、予言之詳矣、讀者思之如何、予再引經二句、乘風則散、界水則止、再思可也、

水龍原不異山龍、將水作山以類從、水龍卽是山龍様、支幹分行事事同、大江大河幹龍形、小溪小澗支龍情、幹水瀠蕩少眞穴、猶如高山無正結、支水屈曲情相得、譬若成胎有落脉、山性本火主炎上、水性純水主潤下、炎上高起是眞龍、潤下低蓄是朝宗、山穴後高丁祿盛、水穴後高絕無踪、自上而下山之止、自

漢口武漢印書館印

外入內水之止、山來多止止求眞、水來多止止貴神、若是止形皆可穴、頑山頑水盡黃金、

註解看水作山、平洋看脈之法、水性屬陽、故潤下、坐空朝實、猶山龍坐高、朝近低之法相似、其自外入內水之止、即內氣止生之意、此水字作天上之水而解、乃言用也、

我有水龍眞要訣、水龍有轉是眞結、直來直去龍之僵、有灣有動龍之活、一轉名爲抱穴龍、抱穴富貴在其中、二轉三轉貴不歇、四轉卿相不須說、

註解水龍要灣曲有情、迴流水聚不漏、即在此處尋穴、若來窄去寬者、僵直淤淺者、皆爲死龍也、

轉處不分名息道、轉入分流名漏道、惟有息道是眞龍、漏道多轉總成空、轉水不漏皆堪穴、不必止處求盡結、

註解轉處不分枝者、名息道、若分枝而去、則在別處而結穴、要水聚不漏者方的、其水轉之息道、猶騎龍斬氣穴也、

盡結原來是龍頭、轉處腰腹亦兼收、龍頭偏側俱精妙、腰腹完全力始悠、

註解水盡之處、不拘偏側皆吉、要有來源者爲妙、有大小之別也、腰腹亦可點穴、故爲兼收也、

求全不必水來多、一道單纏養太和、更有沓龍從外護、愈多愈美酒添酥、雖取羣龍爲輔佐、還從一道作龍窠、別有雌雄兩道

交、交時却似馬同槽、此是水龍奇妙格、相吞相戀福多饒、

註解一道單纒之水、亦可結穴、如玉帶之水、抱穴有情、來大者遠者、別有一水相交、如二馬同槽、爲奇妙之格也、

水中亦有穴龍星、五曜時時現正形、五曜只求金水土、木星有轉水之情、直木火星皆最忌、水形吞吐露金精、若應三垣并列宿、官堦品職自分明、但取穴星親切處、不離金土蘊眞靈、

註解水龍、金水土三星、曲動有情之謂、木火尖直、水龍不取、若直木有轉、亦可取用也、亦有大水中間、露出五曜之形、只求金水土之吉、但點穴之處、總不離乎金土二星也、

五星論定穴應裁、三法千秋慧眼開、坐水騎龍爲上格、挾龍依

水亦佳哉、向水攀龍非不美、後山有水始無衰、掛角并兼三法定、莫親漏道損龍胎、

註解先天論五星之形體、後天論氣運之用法、知此用法、點穴方有把握、掛角看地勢頭角耳唇之法、三法分天地人、三元挨星之訣章註三法、坐向依錯解也、

龍胎雖固稱人心、遠水安墳死氣侵、沾著水痕扦貼肉、陰陽交度自生春、

註解平洋要近水點穴、爲血脈貫通、遠水血脈不通、則爲死氣、無論前後左右、總要相近、愈近而愈妙也、

平原春到好栽花、挹注盈虗氣脉賒、眞水短時結氣短、眞水長

時實可誇、長龍定主源源貴、短龍只許富豪家、

註解水之長短、以定富貴之長短、眞水言地下可見之水、此處將水字、有兩義之別、畧露一端也、

平氣不如環氣足、龍逢轉處發萌芽、更有一端分別處、淺深闊狹辨龍車、

註解大水轉處、分枝而去者、爲發萌芽、水有淺深闊狹、而辨龍之貴賤、其車字、即楊公言帝車之意也、行龍之意也、

水若乘車號秀龍、空車湖蕩是痴龍、得運痴龍能富貴、外情內氣要相通、帶秀痴龍尤顯赫、痴龍後蔭福無窮、

註解大江大河、水動爲乘車之秀龍、湖蕩水呆、爲空車之

痴龍、外形言所見之體、內氣言挨星之訣、體用相合、自能發也、水流活動者、為乘車而行、空車龍、息在此處也、

從來水路後天成、不同山骨先天生、山骨補培終不應、水脈疏濬引眞情、當年無著修龍法、修著之時旦夕靈、莫道人工遜天巧、江河淮泗禹功平、

註解指平洋陰陽二宅、以向為主、水路有變遷、故為後天成也、古之高人、可以疏鑿修改水道、亦可取驗也、

水龍剖盡骨生香、入用元機不可量、

註解剖字、言斧削之意、達龍也、盡字言到頭盡結、再入用元機、言挨星之訣也、用法不可量也、

八卦三元并九曜、毫釐舛錯落空亡、

註解八卦之訣、三元之運、九曜吉凶、不可錯用、若辨之不清、有絲毫舛錯、則落空亡也、

問君八卦如何取、洛書大數先天矩、五帝三王緯地書、九州九井都經紀、

註解洛書爲用、世人皆知、要河圖洛書、先後天並用也、若知此書之訣、則九州九井、都經紀也、

只把九龍一卦裝、莫憑三八分條理、識得九龍龍骨眞、骨若不眞飛不起、

註解九龍一卦、天心正運之一卦也、三元九運、都憑只一

卦用事、其管三卦、一卦通、仔細思之、莫呆配二十四山也、

九龍八卦貴乘時、上下三元各有宜、葬著旺龍當代發、葬著平龍發跡遲、葬著死龍憂敗絕、縱然合格也難支、不是八神齊到穴、出元之局莫相依、

註解以時爲用、上下中三元、各有當運之旺時、時旺星旺、爲旺龍、時旺星不旺、爲平龍、玄空有死氣之方者、爲死龍也、所云八神齊到者、謂玄空之向已得、雖出元之局、可以能用、即平龍發跡遲之意也、八神言八卦之訣、若不知大易卦爻之理、最精通者、則出元之局莫依、教人愼重之意、

定局惟看貼水城、毫釐尺寸要分明、

漢口武漢印書館印

註解平洋近水爲用、上下高低、最要注意、左右前後、亦要相宜、高則離血、低則有水、點穴之處在毫釐尺寸之間也、

更有照神能奪氣、外洋光透失宮星、

註解登穴所見大水汪洋、爲照神、主不敵賓、故不宜穴、宮星言點穴之處、體星也、汪洋大水、遠朝亦不宜見也、

宮星若重平分勢、照神若重獨持衡、外照過多分氣亂、必定分房運改更、

註解水大山小、則不可用、山大水小、亦不可用、總要主賓相配合者是也、主星山大者、外賓亦要大山大水相配、外賓水多者、主穴只宜獨朝一水、爲持衡、全在作者妙用也

更有水龍眞骨髓、只將對脈論來情、來情若是眞元會、諸局參差一半輕、轉折短長純雜處、此中消息眼惺惺、

註解眞元會者、言收到當元旺氣、論來情者、言對面向上之龍也、收到當元旺氣、雖地體局堂不好、得天一片之氣、則有一半之吉也、體一片用一片、言一半者眞高人哉、

三元既辯龍神旺、九曜不純龍力喪、此是元空大五行、六甲爻中應天象、

註解三元九運、一卦六爻、六甲亦爲六爻也、玄空大卦、都由六甲、運行天象、顚倒轉移、過宮躔度、本易理而用之也、

五星二曜轉乾坤、稟命天樞造化根、在天北斗司元氣、在地八

卦顯天心、

註解五星卽五行、二曜卽太陽、太陰、用玄空法、旋轉乾坤、兩片陰陽、天上北斗七星司氣、地下八卦爻象、而為用也、

四吉四凶分順逆、父母二卦顚倒輪、

註解父母二卦顚倒輪、謂起父母天運建極、逆推之法、四吉四凶、言由中五分兩片、左四個、右四個、來四個、往四個、之掌訣也、其言四吉者、言江東一卦屬陽、四凶者、言江西一卦屬陰、東西二卦之意、隨氣轉移、何來吉凶之分耶、

向首一星災福柄、去來二口死生門、

註解向上一星最重、其次來去水口、亦要兼顧也、

青囊萬卷無非假、惟有天玉是眞經、元空洪範並三合、八曜黃泉枉問津、尤恨去來生旺墓、害人父母絕兒孫、

註解以天玉興起下文、故將以下僞法指出、皆不可宗也、

能將九曜爲喉舌、大地乾坤一口吞、

註解能將玄空大卦爲用、則大地乾坤兩片、一口吞也、九曜即九星、若以此爲喉舌口、一氣之用、自能得心應手矣、

更說高原無水地、亦有隱穴在其際、乘高臨下即江河、萬頃低田能界氣、高低數尺合三元、一旦繁華諸福至、若坐低空在後山、數世箕裘常不替、

註解高原、即平洋之高地也、其無水之處、亦有眞穴隱在

其中、下有低田界氣、後無高山阻龍、此言平地曠野之中、又無起伏之處、其低田者、是數尺之低也、只要稍低之處、有水界氣、亦有隱穴可尋、全憑眼力心法之善也、

江北中原平地龍、無山切莫強尋踪、雖是乾龍無水道、溝渠點滴有神功、隱隱微茫看水法、葬法實與江南同、我向乾流指眞水、能使上士開心胸、

註解中原水龍之法、要在溝渠點滴之處而尋、乾流之處、亦有眞水、言天上之水也、故謂上士開心胸、中原是河南一帶之地、看地一道、全在作者會心可也、

向上坦處近平田、莫作山龍一樣看、若遇乾流或水際、莫將此

法論三元、雲陽留得三元訣、欲向人間種善緣

註解有山有水之地、看法徵有不同、若遇乾流水際之處、指平洋龍用法、只要兩片、非比山龍、要分天地人三脉也、此處指出平洋、較之山龍稍易、莫將此法論三元、所言平洋之地用法、其訣山龍平洋、都是一樣、但平洋少用天地人、行龍過脉之一卦、山龍多用一卦是也、

語君葬水勝葬山、葬山歲久氣方還、水葬吉龍並旺運、三年九載透天關、

註解水龍發之最速、易發易衰、山龍雖遲、平穩緩發之意也、水性動而屬陽、山性靜而屬陰、無貴賤之分也、

山本陽精中抱陰、陰精是水陽內存、葬陽得陰陰漸長、葬陰得陽陽驟伸、

註解山是陽包陰、水是陰含陽、山要葬骨、水要葬血、山水陰陽之不能分有如此兩片挨星之訣、亦如此也、

楊公昔日救貧法、但取三元龍水合、王侯將相此中求、無著禪師親口訣、杜陵狂客不勝愁、四十無家浪白頭、只爲尋山貪幹氣、蒼茫古道漫淹留、水龍一卷贈知己、大地陽春及早收、

註解楊公昔日救貧之法、即是三元挨星之訣、蔣公言得訣之難、而謂四十無家浪白頭之句、所著平洋歌一卷、贈知己之人、讀者不能領略、何得謂知己哉、

天元五歌陽宅

人生最重是陽基、卻與墳塋福力齊、宅氣不寧招禍咎、骨埋眞穴貴難期、建國定都關治亂、築城置鎮係安危、試看田舍豐盈者、半是陽居偶合宜、

註解陽宅與陰地並重、宅氣不寧有禍、若有陰地之吉氣相扶者、則畧輕也、或吉勝凶、或凶勝吉、所以歌中有吉少凶多福來短、吉多凶少禍來輕之句、正謂陰陽二宅、有輕重之分也、試看田舍豐盈者、半是陽居偶合宜、其半字者、言陽宅有一半之重、教入陽宅一道、不可偏廢也、

陽居擇地水龍同、不厭前篇議論重、但比陰基宜闊大、不爭秀

麗喜粗雄、大江大河收氣厚、涓流滴水不關風、若得亂流如織錦、不分元運也亨通、

註解陽居要闊大、粗雄之看法、其用法、同平洋陰宅之一樣也、若有亂流之水、如織錦之多、阡到旺氣之向、則不分元運、而皆亨通、但亂流之水、不易阡向、處處用得合法、體用相合、則爲三元不敗之吉地也、陰陽二宅、用法相同也、

宅龍動地水龍裁、尤重三門八卦排、只取三元生旺氣、引他入室是胞胎、一門垂旺兩門四、少有嘉祥不可留、兩門交慶一門休、大事歡欣小事愁、

註解陽宅以門爲主、三門、言大門中門側門也、若一宅數

家、則又是一種看法、必須分別內戶卦爻、而推休咎也、

三門先把正門量、後門房門一樣裝、

註解三門以正門爲主、後門房門、亦爲三門、若取一樣朝向、則爲一氣清純、量者度也、言推宮度之氣得失也、

別有旁門並側戶、一通外氣即分張、設若便門無好位、一門獨出始爲強、

註解若正門旁門側門、方向不同者、取其吉門、閉其凶門。其通外氣者、言雜卦氣也、卦氣一雜、則不能配合也、

門爲宅骨路爲筋、筋骨交通血脉均、若是吉門兼惡路、酸漿入酪不堪斟、

註解門向爲宅之骨、如龍穴之意、路爲宅之筋、如行龍之意、門爲骨、路爲筋、要兼看並用也、所以筋骨交連、則血脉均矣、若門向得挨星之吉、其路凶、如酸漿入酪、雜卦意也、

內路常兼外路看、宅深內路抵門闌、外路迎神并界氣、迎神界氣兩重關、

註解外路到內路、如龍脉過峽、必要分淸內外、卦位看也、

更有風門通八氣、牆空屋闕皆難避、若遇祥風福頓增、若遇煞風殃立至、

註解言門以向爲主、通八卦之氣、有吉有凶、趨吉而避凶、以玄空卦而定之、以當時之卦、而推算之也、

矗矗高高名嶠星、樓臺殿宇一同評、或在身旁或遙應、能迴八氣到家庭、嶠壓旺方能受蔭、嶠壓凶方鬼氣侵、

註解高方爲嶠星、要在我所向之處見者、嶠在旺方者則吉、嶠在凶方者則凶、隨時變遷、而定方向之吉凶也、

衝橋衝路莫輕猜、須與元龍一例排、衝起樂宮無價寶、衝起凶宮化作灰、

註解樂宮言退氣之方、凶宮言刼星之處、當時旺氣、冲動退氣、來合生成則吉、若冲動凶星之處、來合生成則更凶矣、此節即上文嶠星之意、舊宅修方之意也、

宅前逼近有奇峰、不分衰旺皆成凶、擡頭咫尺巍峨起、泰山壓

倒有何功、

註解宅前宜寬、不宜太逼、若宅前高而且逼、雖當旺方、而不可用也、向上高而且近逼者、陰陽二宅、均忌也、

村居曠蕩無攔鎖、地水兼門一同取、城巷稠居地水稀、路衢門嶠並權司、

註解村居、山水、路衢、門嶠、皆要細看、處處要合體用方吉、若城市、則以路衢門嶠爲用、村居陽宅、地水寬大曠蕩無攔、則又以山水爲用、與平洋陰宅看法相同也、

一到分房宅氣移、一門恒作兩門推、有時內路作外路、入室私門是握機、當辨親疎並遠近、抽爻換象出神奇、

註解若一家分房分灶、其氣不一、故爲抽爻換象、又是一種看法、以入室私門爲主、里巷門路、雖要兼看、在所輕也、

論屋神祠理最嚴、古人營室廟爲先、

註解言古人營室、以廟爲先、尊神尊祖之意也、

夫婦內房尤特重、陰陽配合宅根源、

註解夫婦內房、亦要兼看、必須主賓配合、而爲根源也、

八宅因門坐向空、三元衰旺定眞踪、運遇遷移宅氣改、人家興廢巧相逢、

註解八宅之門、以向爲主、有吉有凶、用三元之法、而定之也、如此宅有人居住而凶、轉售別姓居住、而吉者、其故何

也、時之先後不同、進屋卦爻不同、故爲興廢巧相逢也、

此是周公眞八宅、無著大士流傳的、天醫福德莫安排、只好遊年斷時日、

註解天醫福德莫安排者、此爲假訣、留傳已久、故辨之也、

逢興鬼絕更昌隆、遇替生延皆困迫、

註解以時爲主、以向爲主、有吉有凶者、時之所定也、言非天醫福德遊年之法、而可比者、生延鬼絕之非也、

太歲煞神若加臨、禍福當關知霹靂、門內間間有宅神、値神値星交互測、此是遊年剖斷機、不合三元總虛擲、

註解太歲最重之神、斷事成敗、以此爲主、若不合三元挨

星之法、則不驗也、以三元之法、斷遊年之機、此爲眞訣也、

九星層進論高低、間架先天卦數推、雖有書傳皆不驗、漫勞大匠用心機、

註解論高低層進、呆配先天卦位、或呆配九星者、皆是僞法、雖有書傳、呆配卦位、則無活潑之機、從何窺其消息耶、

山龍宅法有何功、四面山圍亦辨風、或有山溪來界合、兼風兼水兩相從、若論來龍休論結、結龍藏穴不藏宮、縱使皇都並郡會、只審開陽不審龍、

註解山龍宅法、四山之中、開陽之處是也、或有水合之處、其中亦結陽宅、其陽宅看法、以開陽爲主、開陽之處爲宮、

故爲一片、雖看來龍、與結穴看法、微有不同、喜粗雄故也、

俗言龍去結陽基、此是時師俗見、庸欲取陽居釀家福、山居不及澤居雄、

註解山居澤居、皆可安宅、惟澤居水聚之處、發福較速也、陽基只取粗雄一片、開陽之處是也、論來龍結陽宅、非也、

陰居蔭骨及兒孫、陽宅氤氳養此身、偶爾僑居並客館、菴堂香火有神靈、關著三元輪轉氣、吉凶如響不容情、透明此卷天元宅、一到人家識廢興、

註解陰居蔭後代兒孫、陽宅本身獲福、陰陽二宅、並重也、如識得挨星之訣、則一到人家、即知廢興、如神之見也、

天元五歌選擇

地理天時古聖言、堪輿二字義相連、浪說江南無大地、但取年月日時利、眞龍大地遍江南、也要天時一力參、初年禍福天時驗、歲久方知地有權、

註解乾坤兩片天動地靜、總要賓主相得、天時卽賓也、若得大地、亦要選擇吉氣輔助、則山向得日時吉氣之輔助、初年亦好、歲久亦好、所以地理一道、不知易理、則不可也、

諸家尅擇最紛紜、拘忌多端誤殺人、此家言吉彼家凶、對盡諸書總不同、五載三年精一日、萬般福曜總成空、古來天子七月葬、士庶踰月禮不曠、年月何曾有廢興、日時只好論孤旺、春秋

漢口武漢印書館印

葬日滿經書、但辨剛柔內外宜、裨竈梓愼俱博物、豈昧陰陽誤萬機、諸家選擇盡荒唐、斗首元辰失主張、奇遁演禽皆倒亂、不經神授莫猜詳、世人尅擇重干支、生命亡命苦相持、致使子孫冲犯衆、多年不葬孝心違、

註解安葬墳墓、年年皆有吉向、其內外剛柔、即是玄空大卦兩片之法、剛者陽干陽支、柔者陰干陰支、孤者休囚旺者當令、只取山向之合、無須生命亡命之合也、

豈知死者已無命、反氣入地爲復命、復命能司造化權、生者命從葬者定、故有仙人造命訣、不是干支子評法、渾天寶照候天星、此是楊公親口訣、不怕三煞太歲神、陰府空亡俱抹煞、年尅

壓命有何妨、退煞金神皆亂發、一卷天元烏兎經、留與人間作寶筏、

註解渾天寶照候天星、即楊公挨星之訣也、烏兎經、言日月也、中國遵太陰、故言寶筏也、陰宅吉關繫兒孫禍福、故曰生者命從葬者定、以定生者之吉凶禍福也、

推原天地混沌成、惟有日月是眞精、金烏玉兎本一物、五星四氣從此生、人生禀受太陽氣、萬物皆是陰陽萌、聖人觀象演歷法、干支甲子作天經、五行俱是陽中氣、神煞何曾另有名、只將日月司元化、萬物森羅在掌心、

註解日月二氣、即天地二氣、發生五行生尅、陰陽交媾、聖

人以甲子、而作天經、故楊公天玉經命名、本此義也、其金烏日也、玉兎月也、本一物者、猶有天、即有地、混沌一物也、世間萬物各有命、不但生人男女定、造物制器可同推、修造葬埋咸取證、日月五星大象、同一時八刻一移宮、造命元機時作主、毫釐千里不相通、

註解數學家、推一時八刻之鐵板數、皆有定數也、萬事萬物、人生窮通壽夭、有定數也、造命時作主、失之毫釐、差之千里也、其氣各有各路、實有毫釐千里之別也、

先將晝夜別陰陽、晝夜晨昏出沒詳、十二宮中三十度、大約六度是分疆、盈縮授時毫末細、量天廣尺未能量、二十八宿七政

明、論宮論度要分明、深則論宮淺論度、一分一秒不容情、命入躔宮變五氣、日月隨命分五行、五曜四餘扶日月、生尅衰旺準天秤、最取用星爲福曜、有恩有用作干城、用若奪權爲上格、忌星一雜福斯輕、

註解晝陽夜陰、地球一轉十二宮者、十二時也、配一時三十度、以六度而分內外二卦、五氣、豈不是五六得三十度、過一宮也、其後論宮論度、用法至細、在人學力之也、深淺

用曜一星落何處、陽時陰候分邊際、冬夏二至陰陽極、春秋二分是平氣、平氣陰陽用可兼、猶看晝夜與宮垣、畧過平氣陰陽別、當極之時禍福耑、陽令惟求金孛水、陰令惟用羅與火、秋木

獨宜水兼孛春土火羅金計土春在分後須陰助秋在分後宜陽輔

註解冬夏二至春秋二分爲四氣也其陽用水陰用火無非陰陽相配主賓平氣之義也秋金令木受尅以水爲恩洩金氣而生木春木令土受尅以火爲恩洩木氣而生火也此節言生尅制化之法隨時取用之法得中和者也

宮辰星體兩兼收度前度後要深求猶向五星探伏現逆求順去并遲留三方對照緊相隨同宮隔宮一例推拱夾有情權力大日月交受格猶奇

註解三方對照言三卦之五行相生相尅補助我之用也

若正坐正向之相合、又得嶠星旺氣拱照、爲最上之格也、

身旺當令不須恩、但將用曜作根源、平令獨恩難發達、衰時得令尚無愆、以恩爲用眞至寶、以難爲用多顚倒、以恩爲忌壽而貧、以難爲忌身不保、

註解身旺、言當令之時、不用補助之法、若衰時、必要補助之氣、扶助而用、所以衰令衰氣、必須用生尅之法、而定也、

本宮端的管初年、宮若不純須舍旃、必取宮身俱妙合、長安花滿任揚鞭、就中暗曜最難知、空地翻同實地司、寅戌兩宮光在午、丑亥二曜子中依、

註解寅戌兩宮光在午、丑亥二曜子中依、言三煞之法、寅

午戌年、以亥子丑爲三煞、此煞爲本元旺氣到山、又爲暗煞、三元家、只有此煞要避、若會用者、制化得法、則不忌也、更有橫天交氣法、寅申有曜、亥中思巳丑卯宮亥未酉短長多寡度中移、

註解此節言二十四山、兩片過氣之法、如寅申起卦、要以巽卦爲春、必要在乾卦亥上思之、巳卯丑、爲東一片、亥未酉、爲西一片、其中短長多寡宮度、以氣爲主者也、

果老星宗此的傳、星書卷卷失眞詮、諸般格局皆虛假、升殿入垣莫掛牽、

註解果老星宗一書、論干支五行、過宮纏度、此乃正法、故

特指出、教人知此書之眞者也、

日逢晦朔皆爲福、何必蟾光三五圓、但忌陰陽當薄蝕、七日之內勿爭光、太白晝見經天日、難忌洪災恩失權、

註解月之晦朔、皆可用事、惟日食月食、及太白晝見之時、要避七日之後、方可用事也、

日魂月魄命之根、五德五星應五倫、掌握乾坤惟此理、璿璣經緯治斯民、劉公昔日佐眞主、建國行軍掃大荒、無奈歷官多失學、增添宜忌漫平章、天元秘寶今朝啟、傳與義和佐盛唐、

註解日屬乾、月屬坤、爲命之根、五行應五倫、天下只有此一法、無二門也、後來歷官失學、增添宜忌多篇、實無益也、

宗陽五曲號天元、雖是人爲實至言、普願智愚咸解悟、故將俚句廣流傳、一句一聯包數義、通之便是地行仙、其中奧旨須尋味、愼勿差訛累後賢、

註解謂此五歌、一句一聯、包羅數義、其中奧旨、泄漏玄空大卦之法、實爲至言、教人尋味研究、精思熟察、愼勿錯解、而累後賢也、天元五歌一卷、千言萬語、無非言挨星一卦之法、且有一聯包數義者、但此訣至大至微、非筆舌所能盡述、辨正一書、各家註解、均能脗合理氣、其實起卦之法、從一至九、處處皆可立極之故、讀者不能知也、其中奧妙必須先知其始、務必在青囊經中、用心細思、空中着想也、

經四位論

胡仲言撰

夫蔣公經四位起父母之言、至奧至妙者也、其坎至巽、巽至兌、分明言天元一四七、若地元則二五八、人元則三六九也、其九數皆可立極之義、讀者往往錯會其意、因此誤會之受害者、豈淺鮮哉、然非蔣公之過、讀者自不用心之所致也、其實父母出於天氣之自然、隨氣立極之轉移、無非中五立極、所用排山掌之左右亦是四位之意、其先後天之數、此來彼往、此往彼來、由大易之所發也、此法蔣公之所發明、教人知用數之法、以當時之氣、立極起父母、則二十四山、陰陽不一、其數之道最大、蔣公之教也、從前楊公並未言及此法、只言父母子息、江東江西二卦之法、最深最奧、故蔣公始發明之、其經四位起父母之法、較楊公之法稍易、然學者尚不知其究竟、地理從易學、學者先宜研求易數、易數通、則萬事萬物皆通、地理之道、如可不從易而得其眞者、我不信也、其坎至巽者、過宮則爲中五、巽至兌者、先天巽五、至後天巽四、則由中五之氣逆行也、其後天巽卦、居先天兌卦之位、其後天入先天、故爲倒排父母、經四位者、經四數也、四位倒排之後、即三卦之經三數、蔣公所言者數也、由先天入後天、後天入先天、從一至九、各有立極之數、而流通者、父母之數、亦要倒排挨行、或天而地、地而人、人而天、或顚倒人而地、地而天、隨氣之使然也、若不由先天入後天、後天入先天、倒排挨行父母之法、則經四位所起父母、則天元所經之數、仍在天元、人元仍在人元、地元仍在地元、不能變化、何能交媾、所以先天之數、乾一兌二離三震四巽五坎六艮七坤八、後天之數、坎一坤二震三巽四中五乾六兌七艮八離九、其一二三四、四五六七、七星也、爲父母氣之根、一二三四、五六七八、八卦也、爲父母卦爻之根、中五分左右者、九星也、爲父母之用也、如金剛經本主西方、其先言東方者、重聖教也、所以東方虛空可思量、不不也、下句南西北方四維上下虛空可思量不不也、隨氣轉移、有吉有凶、實有不可思量之處、蔣公以人元而起卦、父母之秘在此、先看金龍動不動、經四位之秘在此、爲始之秘、亦在此也、然而起卦之秘、雖在此處、又有水對三叉細認踪、其水行到此、又要顛倒、而用卦爻也、無如玄空大卦之訣、以七星之氣爲主、以八卦之訣爲用、如止也、靜也、安也、慮也、得也、種種諸法、實無有法、而名之也、故金剛經中、有實無有法名阿羅漢、學者須以應無所住而生其心、處處可以立極之二句、苦心思索、庶幾可以談地理、可以談理氣也、昔蔣公所言破陰陽貴賤之名、則可以言地理、余進而言之、破陰陽日夜之分、則可以言地理、其東半球之日、則西半球之夜、西半球之日、則東半球之夜、日者恒有其日、則夜者恒有其夜矣、如無日夜之恆、則人之眼睜、而不能閉、眼閉、而不能睜也、故居東半球者、日起之時、即西半球夜睡之時也、故俗稱泰西人、以鬼名之、有由來也、如東方先後天、皆居奇數之三、西方居先天之數六、則後天居天成之數七也、洛書爲用者九氣、陰陽者氣也、豈可以貴賤日夜而分之也、聖人言顏回三月不違仁、何以不言四月、其三月者、已許其已得天地人之道也、又言五十學易可以無大過矣、澤風大過之卦爻、䷛其無大過者、所言內外之兩陰爻而變陽也、則爲乾卦、天之道也、故有五十而知天命之言者矣、儒教易道之東方也、釋道教易道之西方也、故佛道之經出之西方、有言東仁而首西義而成、一生一成、兩教之宗者也、化除三教之宗、則爲聖賢之學者矣、其通書三元指白、一四七則爲一百八十年、七元三元星宿、一千二百六十年、則爲一週天、其起卦之法、則又不然、以六甲之爲主也、其甲子由大易所發、以花甲六旬、則爲天地之道也、所以靑囊經有言排六甲、布八門、能知六甲之布八門、則眞得玄空大卦之心法者矣、夫蔣公言經四位者、易理也、能通其易理、卦爻之法、則自能知其秘旨之奧妙矣、地理之道、豈可不熟讀大易所能知者、則古往今來、可能心契古人者、有幾人焉、甚哉讀地理書者、皆知讀蔣公之書、能知蔣公書中之意者、我不之見也、或者高人隱士、有不可得而見之者矣、修我德行、以待天緣之巧遇者耶、

平砂玉尺辨僞總論

杜陵蔣大鴻著

地理多僞書、平砂玉尺者、僞之尤者也、或曰、是書也、以世目視、之儼然經也、子獨辨其僞、何居、曰惟世皆以爲經也、余用是不能無辨、今之術家、守之爲金科玉律、如蕭何之定漢法、苟出乎此、不得爲地理之正道、術士非此不克行、主家非此不敢信、父以教其子、師以傳其弟、果能識此、即可以自號于人曰堪輿家、延之上坐、操人身家禍福之柄而不讓、拜人酒食金帛之賜而無慚、是以當世江湖之客、寶此書爲衣食之利器、譬農之耒耜、工之斧斤、其于謀生之策、可操券而得也、有朝開卷而成誦、暮挾南車以行術者矣、豈知其足以禍世、如是之酷哉、知其禍世

漢口武漢印書館印

而不辨、余其無人心者哉、或曰、是書之來也遠矣、子又安知其爲僞也、乃從而辨之、曰我亦辨之以理而已矣、或曰、此亦一理也、彼亦一理也、安知子之理是、而彼之理非歟、曰余邀惠于先之賢哲、而授余以黃石青烏楊公幕講之秘要、竊自謂于地理之道、得之眞而見之確矣、故于古今以來所謂地理之書、無所不畢覽、凡書之合于密要者爲眞、不合秘要者爲僞、而此書不合之尤者也、既得先賢之秘要、又嘗近自三吳兩浙、遠之齊魯豫章八閩之墟、縱觀近代名家墓宅、以及先世帝王聖賢陵墓古蹟、考其離合、正其是非、凡理之取驗者爲眞、無所取驗者爲僞、而此書不驗之尤者也、故敢斷其僞也、蓋以黃石青烏楊公幕講斷之、以名家墓宅先世古蹟斷之、非余敢以私見臆斷之也、或曰、然則秉忠之譔、伯溫之註非與、曰此其所以爲僞也、夫地理者、裁成天地之道、輔相天地之宜、以經邦定國、禍福斯民者也、三代以上明君哲相、無不知之、世道下衰、其說隱秘、而寄之乎山澤之癯、逃名避世之士、智者得之、嘗以輔翼興王、扶持景運、而其說之至者、不敢顯然以告世也、文成公之事、明太祖其最著者矣、及其沒也、盡舉生平所用天文地理數學之書、進之內府、從無片言隻字存于家、而教其子孫、况肯著書立說、以傳當世耶、故凡世本之稱靑田者皆僞也、均之佐命之英、知靑田、則知秉忠矣、或曰、何是書之文辭、井井乎若有可觀者也、曰其辭近是、其理則非、蓋亦世之通人、而不知地理者、以意爲之而傳會其說、託之乎二公者也、余特指其謬、而一一辨之、將以救天下之溺于其說者、

辨順水行龍

山龍之脉、與平壤龍脉、皆因水以驗其脉之動靜、而皆不即水以限其脉之去來、今先言山龍、夫山剛質也、水柔質也、山之孔竅而水出焉、故兩山之間、必有一水、山窪下之處、即水流行之道、水隨山而行、非山隨水而行也、山之高者、脉所從起、山之卑者、脉所從止、山自高而卑、故水亦從之、自高而卑、此一定之理也、往往大溪大澗之傍、小幹龍所憩焉、大江大河之側、大幹龍

所休焉、蓋來山之衆支聚乎此、故來水之衆泒亦聚乎此也、然據水之順逆、論脉之行止、但可就其大槩而言爾、若必謂水于此界、脉即于此斷、水向左流、脉必不向右行、則不可也、夫龍脉之起伏轉摺、千變而不窮、有從小江小湖崩洪而過者矣、有從大江大河、越數十百里、不知其蹤跡、端倪而過者矣、有收本身元辰小水、逆行數里而結者矣、有向大幹水、逆奔數百里而結者矣、龍之眞者、水愈斷、而其過脉愈奇、勢愈逆而其骨力愈壯、豈一水之橫流、可遏之使斷、牽之使前乎、今玉尺云、順水直衝、而逆回結穴、方知體段之眞、若逆水直衝、而合襟在後、斷是虛花之地、衆水趨歸東北、而坤申之氣施生、羣流來向震辰、而乾亥之龍毓秀、甲卯成胎、不食酉辛之氣、午丁生意、豈乘坎癸之靈、據此而言、是天下必無逆水之龍也、豈其然哉、或曰子所言者山龍也、玉尺所言平壤也、故其言曰乾源曠野、鋪氈細認交襟、極隴平坡、月角詳看仕結、山龍有脉可據、故有逆水之穴、平壤無脉可尋、止就流神之去來、認氣之行止、豈與山之過峽起伏同年而語乎、子生平專分山水二龍、以正告天下、何又執此論也、解之曰、平壤固純以流神辨氣、與山之脉峽不同、至以水之來去、爲氣之行止、則我不取、我以爲酉辛水到、則甲卯之胎愈眞、癸坎流來、則午丁之靈益顯、坤申生氣、衆水必無東北之趨、乾亥成龍、羣流必無巽辰之向、由此而言、玉尺不但于山龍特行特結之妙、茫然未知、且于平壤雌雄交媾之機、大相背謬、至其統論三大幹龍、而以爲北幹乃崑崙之丑艮出脈、而龍皆坤申、南幹乃崑崙之巽辰出脈、而龍皆乾亥、中條乃崑崙之寅甲卯乙出脈、而龍皆庚酉辛、註者遂實其辭曰、北幹無離巽艮震穴、中幹無震巽艮穴、建康止有南離、臨安止有坤兌、八閩止有坤申、固哉玉尺之言龍也、夫舉天下之大勢、大抵自兌之震、自乾之巽、自坤之艮者、地勢之從高而下然也、至于龍之剝換傳變、豈拘一方、眞脈性喜逆行、大地每多朝祖、若執此書順水直衝之說、遇上格大地、反以爲不合理氣而棄之、而專取傾瀉奔流、蕩然無氣之地、誤認爲眞結而葬之、其詒害于人、烏有限

量、余故不得已、而叮嚀反覆以辨之也、

辨貴陰賤陽

易曰、立天之道、曰陰與陽、惟此二氣、體無不具、用無不包、是二者不可偏廢、故曰孤陽不生、獨陰不長、是二者未嘗相離、故曰陽根于陰、陰根于陽、舍陽而言陰者非陰也、舍陰而言陽者非陽也、聖人作易、必扶陽抑陰者、何也、曰道一而已、故曰乾分而爲二、而名之曰坤、以兩儀之對待者言、曰陰陽、以一元之渾然者言、惟陽而已、言陽而陰在其中矣、而就人事言、則陽爲君子、陰爲小人、內君子外小人爲泰、內小人外君子爲否、由此言之陽與陰不可分也、苟其分之、則貴陽賤陰、如聖人之作易可也、若貴陰賤陽、是背乎聖人作易之旨、而亂天地之正道也、玉尺乃以艮巽震兌四卦、爲陰之旺相而貴之、以乾坤坎離四卦、爲陽之孤虛而賤之、即以納甲八干十二支、丙納于艮、辛納于巽、庚納于震、而亥卯未從之、丁納于兌、而巳酉丑從之、十者皆謂之陰而貴、以甲納乾、以乙納坤、以癸納坎、而子申辰從之、以壬納離、而午寅戌從之、十者皆謂之陽而賤、于是當世之言地理者、不論地之眞僞若何、凡見陰龍陰水陰向、則槩謂之吉、而見陽龍陽水陽向、則槩謂之凶、此乖謬之甚者也、夫吉凶之理莫著于易、易六十四卦、各有其吉、各有其凶、八卦六十四卦之父母也、豈有四卦純吉、四卦純凶之理、八干十二支亦然、吾謂地止論其是地非地、不當論其屬何卦體、屬何干支、若果龍眞穴的、水神環抱、坐向得宜、雖陽亦吉也、若龍非眞來、穴非眞結、砂飛水背、坐向偏斜、雖陰亦凶也、又拘所謂三吉六秀、而以爲出于天星、考之天官家言、紫微垣在中國之壬亥方、而太微垣在丙午方、天市垣在寅艮方、且周天二十八宿、分布十二宮、皆能爲福、皆能爲災、地之二十四干支、上應列宿、亦猶是也、何以在此爲吉、在彼爲凶、此與天星之理、全乎不合、至謂乾坤爲老亢、辰戌爲魁罡、丑未爲暗金殺、種種悖理、夫乾坤乃諸卦之父母、六子皆其所產、何得爲凶、老嫩之辨、在于龍、龍之出身嫩、即乾坤亦嫩也、龍之出身老、即巽辛兌丁亦老也、斗之戴匡爲魁、斗柄所指爲天罡、此樞斡四時、斟酌元氣造化之大柄也、理數家以爲天罡所指、衆煞潛形、何吉如之、而反以爲凶耶、五行皆天地之經緯、何獨忌四金、且庚酉辛、金之最堅剛者也、既不害其爲吉、而獨忌四隅之暗金、甚無謂矣、諸如此類、管郭楊賴、從無明文、不知妄作、流毒天下、始作俑者、其無後乎、我不禁臨文而三歎也、

辨龍五行所屬

盈天地間、止有八卦、先天之位曰、乾坤定位、山澤通氣、風雷相薄、水火不相射、八卦總之陰陽而已、山陽澤陰、雷陽風陰、火陽水陰、皆兩儀對待之象、對待之中、化機出焉、所謂玄牝之門、是

爲天地根、一陰一陽之謂道、八卦者、天地之體、五行者、天地之用、當其爲體之時、未可以用言也、故坎雖爲水、此先天之水、不可以有形之水言也、離雖爲火、此先天之火、不可以有形之火言也、故艮爲山、而不可以土言也、兌爲澤、而不可以金言也、震巽爲風雷、而不可以木言也、故以八卦屬五行、而論龍之所屬者、皆非也、若論後天方位八卦、而以坎位北而爲水、以離位南而爲火、以震位東而爲木、以兌位西而爲金、似矣、四隅皆土也、又何以巽木乾金、不隨四季而隨春秋耶、此八卦五行之一謬也、及論二十四龍、則又造爲三合之說、復傅音輔俗作附非會之以雙山、更屬支離牽強、而全無憑據、夫旣以東南西北爲四正五行、則巳丙丁皆從離而爲火、亥壬癸皆從坎而爲水、寅甲乙皆從震而爲木、申庚辛皆從兌而爲金辰戌丑未皆從四隅而爲土、猶之可也、今又以子合辰申而爲水、並其鄰之坤壬乙、亦化爲水、以午合寅戌而爲火、幷其鄰之艮丙辛、亦化爲火、以卯合亥未而爲木、幷其鄰之乾甲丁亦化爲木、以酉合巳丑而爲金、並其鄰之巽庚癸、亦化爲金、論八卦則卦爻錯亂、論四令則方位顚倒、此三合雙山之再謬也、所謂多岐亡羊、朝令夕改、自相矛盾、不特悖于理義、而亦不通于辭說者矣、又以龍脈之左旋右旋、而分五行之陰陽、曰亥龍自甲卯乙丑艮寅壬子癸方來者、爲陽木龍、亥龍自未坤申庚酉辛戌乾方來者、爲陰木龍、其餘無不皆然、謬之謬者也、又以龍之所屬、而起長生沐浴冠帶臨官帝旺衰病死墓絕胎養、又以龍順逆之陰陽、分起長生、曰陽木屬甲、長生在亥、旺于卯、墓于未、陰木屬乙、長生在午、旺于寅、墓于戌、其餘無不皆然、舉世若狂、以爲定理、眞可哀痛、夫五行者、陰陽二氣之精華、散于萬象、周流六虛、盈天地之內、無處不有、五行之氣、無物不具、　之體、今以龍而言、則直者爲木、圓者爲金、曲者爲水、銳者爲火、方者爲土、又窮五行之變體、而曰貪狼木、巨門土、祿存土、文曲水、廉貞火、武曲金、破軍金、左輔土、右弼金、五行之變盡矣、此楊曾諸先覺明目張膽、以告後人者也、夫此九星五行者、或爲起祖之星、或爲傳變之星、或爲結穴之星或爲夾從輔佐之星、或兼二、或兼三、或兼四、甚而五星傳變、則地大不可名言、此以見五行者、變化之物、未有單取一行不變、以爲用者也、今不于龍體求五行之變化、而但執方位論五行之名字、是使天地之生機、不變不化、取其一、盡廢其四矣、又從方位之左右旋、分五行之陰陽、是使一氣之流行、左支右絀、得其半、並未全其一矣、試以物產言之、隨地皆生五材、若曰南方火地、無大水、北方水地、不火食、西方金地、不產各材、東方木地、不產艮金、有是理乎、試以稟性言之、盡人皆具五德、若曰東方之人皆無義、西方之人皆無仁、北方之人皆無禮、南方之人皆無智、有是理乎、且獨不觀四時之流行乎、春氣一噓、而萬物胥生、不特東南生、而西北無不盡生、秋氣一肅、而萬物皆落、不特西北落、而東南無不盡落、是生殺之氣、不可以方隅限也、又不觀五材之利用乎、棟梁之木、遇斧斤而成材、入冶之金、須煆煉而成器、大塊非耒耜、不能耕耘、清泉非爨燎、不能飲食、道家者流、神而明之、故有水火交媾、金木合并之義、以為大丹作用、即大易既濟歸妹之象也、故曰識得五行顛倒顛、便是大羅仙、相生者何嘗生、相尅者何嘗尅乎、今玉尺曰、癸壬來自兌庚、乃作體全之象、坎水迎歸寅卯、名為領氣之神、金臨火位、自焚厥屍、木入金鄉、依稀絕命、火龍畏見兌庚、遇北辰而自廢、東震愁逢火尅、見西兌而傷魂、是山川有至美之精英、而以方位廢之也、且五行之論生旺墓、而亦限之以方位、其說起于何人、若以天運言、則陽升則萬物皆生、陰升則萬物皆死、無此生彼死、此死彼生之分也、若以地脉言、有氣則在在皆生、無氣則在在皆死、無此生彼墓、此旺彼衰之界也、今龍必欲自生趨旺、自旺朝生、水必來于生旺、去于囚謝、砂之高下亦如之、皆因誤認來龍之五行所屬、于是紛紛不根之論、咸從此而起也、更有謂龍之生旺墓若不合、別有立向消納之法、或以坐山起五行、或以向上論五行、不知山龍平壤、皆有一定之穴、生成之向、豈容拘牽字義、以意推移、朝向論五行固爲乖謬、坐山論五行、亦未爲得也、玉尺又兩可其說曰、可合雙山作用、法聯珠之妙、宜從卦例、推求尊納甲之宗、又何其鼠首兩端、從無定見耶、我願世之學地理者、山龍止看結體之五星、平壤止看水城之五星、此乃五行之眞者、苟精其義、雖以步武楊賴、亦自不難、至于方位五行、不特小玄空生尅出入、宗廟洪範、雙山三合、斷不可信、即正五行八卦五行、亦不可拘、此關一破、則正見漸開、邪說盡息、地理之道、始有入門、嗟乎、我安得盡洗世人之肺腸、而曉然告之以玄空大卦、天元九氣之眞訣、使黃石青囊之秘、昭昭乎若揭日月而行也哉、

辨四大水口

夫四大水口、有至理存焉、楊公書中、未嘗發露、惟希夷先生圖

闢水法、倡明八卦之理、而四大水口之義、寓于其中、此乃黃石公三字青囊所固有、楊公特秘而不宣、即希夷猶引而不發也、今人不知天元八卦之妙用、妄以凡庸淺見測之、遂以爲辰戌丑未爲五行墓庫之方、輒以三合雙山傅會之曰、乙丙穴而趨戌、辛壬會而聚辰、斗牛納丁庚之氣、金羊收癸甲之靈、嗚呼謬矣、以三合五行起長生墓庫之非、即龍上五行左旋爲陽、右旋爲陰、而同歸一庫、穿鑿不通之論、前篇皆已辨之、獨此四大水口原屬卦氣之妙用、青囊之正訣、而亦爲此輩牽合錯解、以僞亂眞、余每開卷至此、不勝扼腕、故又特舉而言之、夫圖南先生八大局、皆從洛書八卦中來、一卦有一卦之水口、舉四隅之卦而言、則有四、若兼四正之卦而言、其實有八、然括其要旨、卽一水口、而諸卦之理已具、學者茍明乎此、山河大地、布滿黃金矣、特以天心所秘、非人勿傳、故不敢筆之于書、聊因俗本微露一端、任有夙慧者死心自悟、若以爲陽艮龍丙火交于乙、墓于戌、陰亥龍乙木交于丙、亦墓于戌、以爲天根月窟、雌雄交媾、玄竅相通、種種癡人說夢、總因悞認諸家五行、不知卦氣之理、以訛傳訛、盲修瞎煉、吾徧觀古來帝王陵寢、以及公卿名墓、何嘗有合此四語者、若用此四語擇得合格之地、總與地理眞機無涉、其爲敗絕亦猶是也、所謂勞而無功、聞余言者、不識能惕然有動于中否、

辨陰陽交媾

天地之道、不過一陰陽交媾而已、天地有一大交媾、萬物各有一交媾、變變化化、施之無窮、論其微妙、莫可端倪、而實有其端倪、故曰玄牝之門、是爲天地根、地理之道、若確見雌雄交媾之處、則千卷靑囊、皆可付之祖龍矣、斯理甚秘、而實在眼前、若一指明、觸目可覩、然斷不從五行生旺墓上討消息也、玉尺乃曰、有乙辛丁癸之婦、配甲庚丙壬之夫、又曰陰遇陽而非其類、號曰陽差、陽見陰而非其耦、名曰陰錯、仍取必于乙丙之墓戌、辛壬之墓辰、丁庚之墓丑、癸甲之墓未、此眞三家村學究之見也、夫陰陽之交媾、自然而然、不由勉強、亦活潑潑地、不拘一方、豈可以方位板格死煞排算乎、即以天地之交媾者言、天氣一降、地氣一升、而雨澤斯沛矣、子能預定天地之交于何方、合于何日乎、更以男女之交媾者言、陽精外施、陰血內抱、而胎元斯孕矣、子能預擬胎孕之何法而成、何時而結乎、知天地男女之不可以矯揉造作、則知地理之所謂天根月窟、亦猶是矣、此惟楊公都天寶照言之鑿鑿、不啻金針暗度、余因辨玉尺之謬、而偶泄于此、具神識者、精思而冥悟之、或有鬼神之告也、

辨砂水吉凶

今之地理家、分龍穴砂水為四事、或云龍雖好、穴不好、或云龍穴雖好、砂水不好、何異癡人說夢、古之眞知地理者、只有尋龍

定穴之法無、尋砂尋水之法、正以雖有四者之名、而其實一而已矣、穴者、龍之所結、水者、龍之所源、砂者、龍之所衛、故有是龍、則有是穴、有是穴、則有是砂水、未有龍穴不眞、而砂水合格者也、亦未有龍眞穴的、而砂水不稱者也、玉尺反曰、龍穴之善惡從水、猶女人之貴賤從夫、穴雖凶而水吉、倘集諸祥、是以本爲末、以末爲本、顚倒甚矣、且其所謂吉凶者、只取四生三合雙山五行、論去來之吉凶、而以來從生旺、去從墓絕者爲吉、反此者爲凶、既屬可笑、又以砂水之在凈陰方位者爲吉、在凈陽方位者爲凶、尤爲拘泥、夫水之吉凶、只辨天元衰旺之氣、砂者借賓伴主、只要朝拱環抱、其形尖員平正、秀麗端莊、皆爲吉曜、若斜飛反去、破碎醜拙、則爲凶殺、或題之曰文筆、曰誥軸、曰御屏、曰玉几、曰龍樓、曰鳳閣、曰仙橋、曰旗幟、曰堆甲屯兵、曰烟花粉黛、諸般名色、皆以象取之、類應之、而不可拘執、亦須所穴者果是眞龍胎息、精靈翕聚而后一望臚列、皆其珍膳爾、假如一山數塚、同見貴砂、而一塚獨發、其餘皆否、豈非貴之與賤在龍穴、而不關于砂乎、况四神八國、並起星峯、皆堪獻秀、何必淨陰之位則吉、淨陽之位則凶、龍穴無貴陰賤陽之分、砂水又豈有貴陰賤陽之分耶、其云文筆在坤申、爲詞訟旌旗見子午、爲刦賊、高峯出南離、恐驚回祿、印星當日馬、必遭瘖疾、乾戌爲鼓盆之殺、[illegible]流爲寡宿之星、寅甲水瘋疾[illegible]身、乙辰水投河自縊、又云、未離胎而夭折、多因冲破胎神、纔出世而身亡、蓋為擊傷生炁、四敗傷生、雖有子而母明父暗旺神投浴、恐居官而淫亂可羞、諸如此類、不可枚舉、立辭愈巧、其理愈虛、一謬百謬、難以悉辨、總其大旨曰、廢五行衰旺之說、破陰陽貴賤之名、可以論龍穴、卽可以論砂水矣、我于是書、取其四語、曰本主興隆、殺曜變為文曜、龍身微賤、牙刀化作屠刀、此則沙中之金、石中之玉也、采葑采菲、無以下體、故特舉而存之、

辨八煞黃泉祿馬水法

水法中有祿上御街、馬上御街、其說鄙俚不經、而最能使俗人艷慕、又有黃泉八煞二種禁忌、使人望而畏之、若探湯焉、我以

爲其說皆妄也、夫祿馬貴人、起例見于六壬、在易課中已屬借用、與地理祿命皆無干涉、世人學術無本、一見干支便加祿馬、推命家用之、地理家亦用之、東那西借、以張之子孫、繼李之宗祖、血脉不通、鬼神不享、此在楊曾以前、從不見于經傳、後之俗子、妄加添設、不辨自明、夫地理之正傳、止以星體爲巒頭、卦爻爲理氣、舍此二者、一切說玄說妙、且無所用之、況其鄙俗之甚者乎、其所稱馬貴者、亦有之矣、曰貴人、曰天馬、此皆取星峯而爲名、不在方位也、水之御街、亦以形論、非以方言、至于八煞黃泉、尤無根據、全然捏造、更與借用者不同、夫天地一元之氣、周流六虛、八卦方位、先天後天、互爲根源、環相交合、相濟爲用、得其氣運、則皆生、逢其氣運、則皆死、但當推求卦氣之興衰、以爲趨避耳、從無此卦忌見彼卦、此爻忌見彼爻之理、若失氣運、則巽見辛、艮見丙、兌見丁、坤見乙、坎見癸、離見壬、震見庚、乾見甲、本宮納甲正配、尙足以興妖發禍、若得氣運、雖坎龍坤兔震猴巽雞、乾馬兌蛇、艮虎離猪、而卦氣無傷、諸祥自致、我謂推求理氣者、須知有氣運、隨時之眞殺、實無卦爻配合之煞曜、今眞煞之刻期刻應、剝膚切骨者、不知避、而拘拘忌八曜之假殺、亦可悲矣、黃泉卽四大水口、而强增名色者也、故又曰、四個黃泉能殺人、辰戌丑未爲破軍、四個黃泉能救人、辰戌丑未爲巨門、故又文飾其名曰、救貧黃泉、夫旣重九星、大玄空水法、則不當又論黃泉矣、何其自相矛盾一至于此、或亦高人心知其誣、而患無以解世人之惑、故別立名色、巧爲寬譬耶、未可知也、其實則單論三吉水可矣、不必論黃泉也、且黃泉所忌、于彼所言淨陰淨陽、三合生旺墓水法皆不盡合、若論陰陽、則乙忌巽是矣、而丙則同爲純陰、庚丁忌坤申、癸忌艮、辛忌乾、是矣、而壬則同爲純陽、何以亦忌、此于淨陰淨陽、自相矛盾也、若論三合五行、則乙水向見巽、丁木向見坤、辛火向見乾、癸金向見艮、同爲墓絕方、忌之是矣、丙火向見巽、庚金向見坤、壬水向見乾、甲木向見艮、皆臨官方也、何以亦忌、此于三合雙山、自相矛盾也、我即彼之謬者、而以證其謬中之謬、雖有蘇張之舌、亦無辭以復我矣、玉尺遂飾其說曰、八殺黃泉雖云惡曜、若在生方、例難同斷、此眞掩耳盜鈴之術、既云惡曜矣、又焉得云生方、既云生方矣、又焉得稱惡曜、孰知惡曜、固不眞、而生方亦皆假也、或者又爲之辭曰、黃泉忌水去而不忌來、或又曰、忌水來而不忌去、總屬支離、茫無一實、我謂運氣乘旺、雖黃泉而但見其福、運氣當衰、雖非黃泉而立見其禍、苟知其要、不辨自明、而我偲偲然論之不置者、以世人迷惑已久、如墮深坑、無力自脫、多方曉譬、庶以云救也、嗚呼、當世亦有見余此心者耶、

辨分房公位

夫葬者、所以安親魄也、親魄安則衆子皆安、親魄不安、則衆子

皆不安、今之世家巨族、往往累年不葬、甚至遲之又久、終無葬期、一則悞于以擇地爲難、再則悞于拘分房之說、一子之家猶可、子孫愈多、爭執愈甚、遂有挾私見以隄防、用權謀以自便者矣、有時得一吉地、惑于旁人之言、以爲不利于己、而阻之者阻之不已、竟葬凶地、同歸于盡、亦可哀哉、原其故、皆地理書公位之說爲之禍根、使人滅倫理、喪良心、無所不極其至也、豈知葬地如樹木、根荄得氣、則衆枝皆榮、根荄先殘、則衆枝皆萎、亦有一枝榮、一枝萎者、外物傷殘之耳、葬親者、但論其地之吉凶、斷不可執房分之私見、吾觀歷來名宗巨室、往往共一祖地、各分均發者甚多、亦有獨發一房、或獨絕一房者、此有天焉、不可以人之智巧爭也、或問曰、然則公位之說全謬與、又何以有獨發獨絕者耶、曰是固有之、而非世人之所知也、其說在易曰、震爲長男、坎爲中男、艮爲少男、巽爲長女、離爲中女、兌爲少女、孟仲季之分房、由此而起也、然其中有通變之機、非屬此卦、即應此子、應此女之謂也、玉尺乃云、胎養生沐屬長子、冠臨旺衰屬仲子、病死墓絕屬季子、即就彼之言以折之、生則諸子皆生矣、旺則諸子皆旺矣、死絕則諸子皆死絕矣、何爲以此屬長、以此屬仲、以此屬季、曰亦以其漸耳、折之曰、以爲始于胎養、繼而之旺、既而死絕、似矣、若有四子以往、則又當如何耶、其轉而歸于生旺耶、抑另設何名以應之耶、此不足據之甚者也、世人愼勿惑

于其說也、

總論後

蔣子作玉尺辨僞既成、或問曰、子于是書訛謬、辨之則既詳矣、子謂吉凶之理存乎地、而非方位之所得有限也、然則八千四維十二支、舉無有吉凶之當論乎、曰何爲其然也、我正謂八千四維十二支、皆分屬乎卦氣、夫卦氣吉凶之有辨、蓋灼灼矣、而特非淨陽淨陰、雙山三合、生旺墓之云云也、乃若青囊正理、方位之辨實有之、其秘者不敢宣泄、姑就玉尺之文以槩舉之、玉尺所畏者、曰乙辰、曰寅甲、而以青囊言之、乙之與辰、寅之與甲、相去不啻千萬里也、有時此吉而彼凶、有時此凶而彼吉者矣、所最美者、曰巽巳丙、而以靑囊言之、巽巳之與丙相去、亦不啻千萬里也、有時此吉而彼凶、有時此凶而彼吉者矣、所最欲分別、而不使之混者、曰丙午丁、曰乾亥、曰甲卯乙、曰辰巽、曰丑艮寅、而以靑囊言之、午之與丙丁、亥之與乾、卯之與甲乙、巽之與辰、丑寅之與艮、所爭不過尺寸之間而已、有時而吉、則必與之俱吉、有時而凶、則必與之俱凶矣、今乃于其當辨、而不可不辨者、如黃精之與勾吻、附子之與烏頭、一誤用之、而足以入口傷生者、反置之不辨、于其易辨、而可以不辨者、如白粱之與黑秬、異色而皆可以養人、堇之與鴆、異類而皆可以殺人者、屑屑焉悉舉而辨之、彼自以爲智、而乃天下之大愚也、且生旺死絕之說、青囊未嘗不重之、故葬書曰、葬者、乘生氣也、卦氣之所謂生、非三合五行之所謂生、卦氣之所謂旺、非三合五行之所謂旺、卦氣之所謂死絕、非三合五行之所謂死絕、且地氣之大生旺不知趨、而區區誤認一干一支之假生旺、而求迎之、地氣之大死絕不知避、而區區誤認一干一支之假死絕、而思避之、悲夫、所謂雀以一葉障目、而謂彈者之不我見也、以此為己、適以害己、以此為人、適以害人而已、故夫玉尺之于地理、猶鄭聲之于雅樂、楊墨之于仁義、一是一非、勢不兩立、實有關于世道之盛衰、天地之氣數、竊閱嘉靖以前、其書尚未大顯、至萬歷時、有徐之鏌者、為之增釋圖局、而梓行之、于是江湖行術之徒莫不手握一編、以求食于世、至今日而惑于其說者、且徧天下也、悖陰陽之正、干天地之和、與俶擾五行、怠棄三正者、同其禍患、有聖人者出、而誅非聖之書于陰陽一家、必此書爲之首、嗚呼、此書不破、世運何由而息、水火生民何由而躋仁壽哉、我拭目望之矣、

平砂玉尺辨僞總括歌

會稽姜垚汝皋撰

萬卷堪輿總失眞、平砂玉尺最堪嗔、二劉名姓憑伊冒、豈有當年手澤存、開國伯溫成佐命、嘗將妙訣定乾坤、晚年一篋靑囊秘、盡作天家石室珍、天寶不容人漏泄、忍將隱禍中兒孫、片言隻字無留影、肯借他人齒頰名、秉忠亦是元勳列、敢冒嫌疑著

此經、世上江湖行乞者、只貪膚淺好施行、戶誦家傳如至寶、輿災釀禍害生民、幸遇我師垂憫救、苦心辨駁著斯文、竊恐愚夫迷不悟、括成俚句好歌吟、願君細察歌中意、莫枉宗陽一片心、

天下山山多順水、此是行龍之大體、眞龍發足不隨他、定是轉關星特起、特起之龍變化多、渡水逆行不計里、玉尺開章說順龍、順水直衝爲大旨、水來甲卯兌不收、水來丁午坎不取、必要隨流到合襟、直瀉直奔名漏髓、全無眞息蔭龍胎、山穴平陽皆失軌、勸君莫聽此胡言、悞向順流探脉理、八方位位有眞龍、爻象千支總一同、山脉陰陽分兩界、此是天然造化工、陽脉出身陽到底、陰脉出身陰爲宗、從無僞來幷僞落、豈有貴賤分雌雄、

若是眞胎成骨相、乾坤辰戌也崢嶸、若是空亡無氣脉、巽辛亥艮盡招凶、品水評砂原一例、三吉六秀有何功、勸君莫聽此胡言、旺相孤虛理不通、五行相生與相尅、此是後天粗糲質、山川妙氣本先天、生不須生尅非尅、木行金地反成材、火入水鄉眞配匹、南離爐冶出眞金、陰陽妙處全須逆、原說五行顚倒顚、庸庸之輩何能識、先天理氣在卦爻、生旺休囚此中出、量山步水總一般、立向收砂非二格、安有長生及官旺、全無墓庫與死絕、卦若旺時路路通、卦若衰時路路塞、有人識得卦興衰、眼前盡是黃金陌、納甲本是卦中玄、用他配合皆非的、堪笑三合及雙山、玄空生出幷尅出、更有祿馬及赦文、咸池黃泉八曜煞、庸奴只把掌心輪、誤盡天涯聰慧客、勸君莫聽此胡言、五行更覓眞消息、雌雄交媾大陰陽、月窟天根卦內藏、此是乾坤造化本、會時便號法中王、楊公說箇團團轉、一左一右兩分張、明明指出夫和婦、有箇單時便是雙、二十四山雙雙起、八卦之中定短長、豈料庸奴多錯解、干支字上去商量、誤起長生分兩局、會同墓庫到其鄉、未曾曉得眞交媾、那裏懷胎喚父孃、我即汝言來教汝、陰陽指氣不指方、甲庚丙壬是陽位、有時占陰不喚陽、乙辛丁癸是陰位、有時占陽即喚陽、陰陽亦在干支上、不用排來死煞方、眼前夫婦不識得、却將寡婦守空房、勸君莫聽此胡言、玄竅相通別主張、四大水口歸其位、此是卦之眞匹配、如何說到墓庫方、左旋右旋來傳（附字俗誤）會、四水四卦逐元輪、一元一卦乘旺氣、周流八卦逐時新、會者楊公再出世、今將墓合作歸源、失運失元迎煞氣、勸君莫聽此胡言、陽差陰錯非斯義、公位亦自卦中來、長少中男各有胎、不論干支幷龍脉、如何亦取三合推、胎養生沐乃云長、仲子冠臨及旺衰、少子病死並墓絕、若然多子作何排、世人信此爭房分、停喪不葬冷爲灰、更起陰謀相賊害、傷倫蔑理召天災、陷人不孝並不睦、此卷僞書作禍胎、我願今人只求地、得地安親大本培、親安衆子皆蒙慶、休把分房去亂猜、試看閥閱諸名墓、一祖枝枝產衆材、分房蓋爲分陽宅、莫論偏苛到夜臺、平砂一卷何人作、注解翩翩尤醜惡、添圖添局

死規模、強把山川牢束縛、從謙失却布衣宗、之鏌直是追魂鑿、
嘉隆以上無此書、萬歷中年方撲朔、從此家家無好墳、迄今徧
地成蕭索、焉得將書付祖龍、免使蒼生遭毒藥、
終

補註玉尺辨僞數則

胡仲言註

辨順水行龍一節、有云我以爲酉辛水到、則甲夘之胎愈眞、癸坎流來、則午丁之靈益顯、坤申生氣、衆水必無東北之趨、乾亥成龍、羣流必無巽辰之向、此四氣之言、乃玄空大卦之精髓也、其辛酉之水、則甲卯之向得令、癸到坎卦、則離卦之丁向益顯、坤申生氣、則無東北之向可朝、乾亥成龍、則東南巽卦之不可向、玄空大卦之兩片、皆天上流行之水、以時而定吉凶、非深得靑囊之秘者、何能道其隻字耶、

辨貴陰賤陽一節、有云乾分爲二之句、言兩儀之氣、乾坤山向、之對待也、其考之天官家言、紫微垣在北壬亥方、太微垣在南

丙午方、惟天市在艮寅方、則不然、天市東宮、不動之位、若以地球上所見之方言之、其太陽之出山、確在艮卦、因太陽未出山之前、震卦已交巽卦、則艮卦而交震卦、過宮纏度、人不知也、艮卦而交東方之震、故所見者、謂在艮寅之方耳、此法相傳已久、從無明文、愚以地球考之、古來天官家言、所察測量可見者、後天方向、其實先天所配正卦、立極之處、不可見之先天、則不知也、姑妄言之、立此妄說、以待後賢正之、

辨五行所屬一節、有云貪狼木、巨門土、祿存土、文曲水、廉貞火、武曲金、破軍金、左輔土、右弼金、此楊公明目張膽、以告後人者也、此乃玄空大卦之訣、世人忽畧讀過、而不知其眞者、有負蔣

公一一指出之苦心矣、

辨四大水口一節、有云圖南先生八大局、皆從洛書八卦中來、一卦有一卦之水口、舉四隅之卦而言、則有四、若兼四正之卦而言、其實有八、然括其要旨、卽一水口、而諸卦之理已具、言之甚詳、其水口之義、若氣在四正、卽與四維爲水口、氣在四維、卽與四正爲水口、卽四象之變化、卽四隅卦爲門戶道路、楊公名之曰、御街之意也、水口以時而定、非呆配也、

辨陰陽交媾一節、有云天氣一降、地氣一升、此爲眞交媾也、都天寶照言之甚詳、具神識者、精思而冥悟之可也、

辨砂水吉凶一節、有云有是龍、則有是穴、有是穴、則有是砂水、

有本則有末、以本爲重、砂水在所輕也、其四神八國、言四象八卦之意、其言破陰陽貴賤之名可以論龍穴、即可以論砂水矣、眞金石之言、讀者細心思之、有眞穴之處、砂水皆爲我所用也、

辨八煞黃泉一節、有云丙火向見巽、庚金向見坤、壬水向見乾、皆臨官之方、其實爲玄空大卦、之吉向也、

辨分房公位一節、有云雖有卦序、震爲長男、坎爲中男、艮爲少男、巽爲長女、離爲中女、兌爲少女、孟仲季之分房、由此而起也、然其中、有通變之機、其玄空卦中、畧有分別、則不爲忌、世人愼勿惑乎其說、當旺則衆子皆旺、當衰則衆子皆衰、切不可拘也、

辨總論一節、有云乙之與辰、寅之與甲、相去不知幾萬里也、各

有各之旺時、所言午之與丙丁、亥之與乾、卯之與甲乙、巽之與辰、丑寅之與艮、確有同時而吉者、有同時而凶者、而非盡然、間有其時也、其吉凶禍福、二十四山之向、以時而定之也、辨僞總括歌一節、有云一元一卦乘旺氣、周流八卦逐時新、是言以時爲主者也、其中奧語、如火入水鄉、南離爐冶眞金之句、皆卦爻之精髓、讀者查大易卦爻、察之可也、

此篇辨僞奧語甚多、予畧爲點綴數則、倘有未盡之處、望讀者細心精思、而冥悟之、或者鬼神之見告也、

論巒頭之形體

胡仲言撰

夫巒頭之形體、千變萬化、天上所有星辰之象、地下即有山川

之形、必須先知其趨主之星、則可知其分枝之結、或曰主星有數百者、有數十里者、有山路崎嶇、而不知其主星之在何所者、子何由而知之者乎、曰余邀惠於先賢之理氣地理之道、得之眞而見之確矣、其主星、非數百里數十里之主星、經曰隨處皆可立極、乃言十里八里之主星、楊公所言九星之形體、若追主星大地、我不敢言、我所言、其處之主山、特龍來數里之意、以少祖之山、爲主星、或火、或土、或金、或水、或木、必要登其山之巔、則我一目了然、倘有少祖而再趨山者、登少祖山巔看之、或正出、或偏出、牢記胸中、再往所見之處尋之、有葬者、有未葬者、若有未葬之處、即可施之以用、巒頭之書圖形、必須多看、實地山川形體、亦須多見印證、心中而生變化、其過峽之處、如梅花、王字、工字、蜈蚣、蜂腰、鶴膝、及穿田過水、飛脈等峽、如點穴之處、前朱雀、後玄武、左青龍、右白虎、遠朝、近岸、穴堂、內堂、外堂、種種名目、筆難盡述、全憑眼力與心思、或喝形點穴、或契古今名墓而用、前看後看、左看右看、高看低看、總要收到四山有情、水聚砂收之處、則可點穴、用玄空卦合之於向、合則取之、不合待之、此山龍尋龍點穴之情形也、若水龍則又不同、以大河大湖爲主、枝濱爲龍、水聚砂收之處、距水不遠不近、點穴於此、合之玄空、棄取之法、契合乾坤天地之道、所謂觀乎外者、見乎內、必有太極之暈在焉、神而明之、神乎其人矣、予得此訣、出之於四川之長者、我族伯卿公得之於先、再傳之汪姓地師、地師再傳朱公月波者、予得所遺之本、精心研究、五年之久、始窮其變、殆天受歟、輾轉數十年、天寶未嘗煙沒、不禁狂喜也、虔將地理辨正一部、增補註解、附加心法諸篇、彙爲上下兩卷、再板發行、公諸當世、

中華民國丙寅年六月夢仙山人自誌於養心室中